ABRACE
SUAS
EMOÇÕES

Dados Internacionais de Catalogação na Publicação (CIP)
(Câmara Brasileira do Livro, SP, Brasil)

Grün, Anselm
  Abrace suas emoções : sentimentos negativos como fonte de transformação / Anselm Grün ; tradução de Luiz de Lucca. – Petrópolis, RJ : Vozes, 2019.

  Título original : Wege der Verwandlung : Emotionen als Kraftquelle entdecken und seelische Verletzungen heilen
  Bibliografia.

  1ª reimpressão, 2019.

  ISBN 978-85-326-6017-6

  1. Conduta de vida 2. Emoções 3. Espiritualidade 4. Vida cristã I. Título.

18-22540   CDD-248.4

Índices para catálogo sistemático:
  1. Emoções : Vida cristã 248.4

Cibele Maria Dias – Bibliotecária – CRB-8/9427

ANSELM GRÜN

ABRACE SUAS EMOÇÕES

Sentimentos negativos como fonte de transformação

Tradução de Luiz de Lucca

EDITORA VOZES
Petrópolis

© 2016 Verlag Herder GmbH, Freiburg im Breisgau

Título do original em alemão: *Wege der Verwandlung Emotionen als Kraftquelle entdecken und seelische Verletzungen heilen* de Anselm Grün, editado por Rudolf Walter

Direitos de publicação em língua portuguesa – Brasil:
2019, Editora Vozes Ltda.
Rua Frei Luís, 100
25689-900 Petrópolis, RJ
www.vozes.com.br
Brasil

Todos os direitos reservados. Nenhuma parte desta obra poderá ser reproduzida ou transmitida por qualquer forma e/ou quaisquer meios (eletrônico ou mecânico, incluindo fotocópia e gravação) ou arquivada em qualquer sistema ou banco de dados sem permissão escrita da editora.

CONSELHO EDITORIAL

Diretor
Gilberto Gonçalves Garcia

Editores
Aline dos Santos Carneiro
Edrian Josué Pasini
Marilac Loraine Oleniki
Welder Lancieri Marchini

Conselheiros
Francisco Morás
Ludovico Garmus
Teobaldo Heidemann
Volney J. Berkenbrock

Secretário executivo
João Batista Kreuch

Editoração: Maria da Conceição B. de Sousa
Diagramação: Sheilandre Desenv. Gráfico
Revisão gráfica: Alessandra Karl
Capa: Rafael Nicolaevsky
Ilustração de capa: Boonyachoat | iStock

ISBN 978-85-326-6017-6 (Brasil)
ISBN 978-3-451-00648-7 (Alemanha)

Editado conforme o novo acordo ortográfico.

Este livro foi composto e impresso pela Editora Vozes Ltda.

Sumário

Introdução – Emoção é normal, 7

I – Emoções: um assunto vital, 13

1 Sentimentos negativos não devem ser reprimidos, mas transformados, 15

2 O que nos diz a tradição espiritual, 20

3 A lida masculina com as emoções, 24

4 A lida das mulheres com as emoções, 29

5 Interação das forças masculina e feminina, 35

II – Tornar a vida mais leve – Transformar emoções negativas, 39

1 Não deixe que a INVEJA lhe consuma, 41

2 A força positiva na IRA e na RAIVA, 48

3 O que a RAIVA tem a nos dizer, 54

4 Sinta o anseio por trás de sua GANÂNCIA, 60

5 Abrace seu MEDO e descubra sua finalidade, 68

6 O tesouro na DEPRESSÃO, 77

7 Transforme a IMPACIÊNCIA em serenidade, 86

8 Como o CIÚME se torna a porta de entrada para o amor, 90

9 A AMARGURA pode dar um sim à vida, 98

10 Superando SENTIMENTOS DE INFERIORIDADE, 104

11 Liberte-se do ÓDIO e da VINGANÇA, 113

12 Reconhecer mágoas antigas em OFENSAS, 123

13 Lide criativamente com sua TRISTEZA, 128

14 CUIDADO E PREOCUPAÇÃO podem ser transformados, 135

15 Há uma força positiva na VERGONHA, 140

16 Em vez de EXACERBAR A GRANDEZA, veja a grandeza da vida, 146

Conclusão, 151

Referências, 157

Introdução
Emoção é normal

Computadores não possuem sentimentos – pessoas os têm. As emoções atuam em todos nós, abrem nossos corações. Quando pergunto a alguém como está se sentindo, a resposta diz algo sobre seu estado de espírito e humor como um todo. Muitas vezes o estado geral de alguém depende de como a pessoa lida com suas emoções. Quem se desconecta das emoções desconecta-se a si mesmo de uma fonte de vida. As emoções mexem com a gente, nos dão energia e gosto pela vida. Por outro lado, também podem tomar conta de nós e nos dominar a ponto de nos fazer sofrer. E podem tornar-se fontes de conflito e feridas espirituais.

Fica mais fácil se a gente "segurar" nossos sentimentos? Ou talvez ficar *relax*, assim, olhando de longe os impulsos selvagens, intensos e violentos que às vezes nos envolvem e ameaçam nos dominar? Será que é uma questão de vontade própria? Será que somos responsáveis por nossas emoções e "caprichos", como muitos dizem num típico tom de reprovação? Será que, nesses casos, adianta tentar reprimir sentimentos que nos parecem problemáticos, será que adianta tentar ser "racional"?

Seja como for, se quisermos viver bem, é importante aprendermos a lidar com nossos sentimentos, inclusive com aqueles que nos parecem "negativos". Não se trata de suprimi-los ou reprimi-los. Sentimentos negativos, como ódio, inveja, ganância ou raiva não ocorrem só nos outros, embora neles possamos percebê-los fácil e rápido. Nós também os temos.

Não somos só nós que afetamos nosso ambiente pela forma como reagimos ou nos colocamos nele. As circunstâncias em que vivemos também influenciam nosso estado emocional. Cobranças da parte dos outros, exigências no ambiente de trabalho, solicitações externas, padrões sociais ou expectativas mútuas em relacionamentos íntimos ou na família, tudo isso pode gerar estresse e determinar nossas reações emocionais.

Querendo ou não, somos constantemente afetados por emoções em todos os nossos relacionamentos, na vida de casal, com os parentes, nas amizades, contatos sociais, em nosso ambiente religioso ou na lida com colegas de trabalho. Aquele que vivencia os relacionamentos com equilíbrio e serenidade sente-se vitalizado e encorajado no convívio com seu ambiente. Já aquele que os vivencia de forma destrutiva e negativa, aquele cujos sentimentos ferem, esse sofre e se sente mal.

Problemas num relacionamento ocorrem, muitas vezes, por um considerar o outro o causador daquilo que sente. Aí vem a reação, como que dizendo: "Você não pode ser sensível, você não pode ter emoções, pelo menos não desse jeito. Se você continua assim, nosso relacionamento fica difícil". Mas eis a questão: se as emoções, quaisquer que sejam, são reprimidas, o relacionamento torna-se frio e sem graça, perde a força. É a capacidade de perceber e retrabalhar as próprias emoções que permite um relacionamento melhor.

O maior problema aí é que tendemos a julgar as emoções. Precisamos parar com isso. As emoções simplesmente acontecem.

Costumamos ficar envergonhados quando pegamos a nós mesmos com desejos de vingança, sentimentos de insulto, ciúme ou inveja. Acontece que o primeiro passo é simplesmente perceber essas emoções. Aí estão elas, independente da nossa vontade. A questão é, então, como lidar com elas.

Os relacionamentos afetam nossa vida emocional. A maneira adequada de lidar com as emoções possibilita o bom funcionamento das nossas relações. O que fazer, portanto, quando os parceiros acirram mutuamente as emoções, culpam-se um ao outro, não conseguem controlar suas emoções e são dominados por elas?

Só quando observamos com toda calma as nossas próprias emoções, mas também as daqueles com quem nos relacionamos, sem acusar ninguém, é que encontramos um modo de entender a nós mesmos e aos outros. Assim podemos nos aproximar dos demais e trabalhar juntos com mais harmonia. Só percebendo a nós próprios tal como somos e os demais como realmente são, torna-se possível o bom entendimento. Portanto, a princípio, é só uma questão observar e perceber.

Uma famosa história de monge pode esclarecer isso: Três irmãos seguiram caminhos diferentes, um deles tornou-se enfermeiro, outro tornou-se artesão e o terceiro tornou-se monge. Depois de algum tempo, tensos e insatisfeitos, os dois primeiros foram procurar o irmão monge no ermo. Disseram a ele: "Não temos a menor ideia do que está acontecendo com a gente. Um monte de emoções nos confundem". Então o monge atirou uma pedra na água da fonte que ficava perto da sua ermida. Aí disse aos dois irmãos para que olhassem para a água. Naturalmente, não viram nada, porque a água estava agitada. Após alguns instantes, quando a água serenou, ele disse para que olhassem novamente. Aí eles viram suas imagens espelhadas.

Da tradição monástica, ainda veremos exemplos de como lidar com as emoções. Mas esta história já nos mostra que a questão é ver com clareza e, a partir daí, perceber o que há. Refletir sobre as emoções é uma forma de conhecermos a nós mesmos. A partir do momento em que conseguimos ver claramente as emoções que estão em nós podemos ver com clareza, bem como encontrarmos meios de lidar melhor com elas.

Neste livro falaremos de emoções que nos parecem difíceis, negativas ou "ruins" de antemão, tais como inveja, raiva, insulto, vergonha ou medo, sentimentos de inferioridade ou ciúme. Querendo ou não, essas emoções também nos atingem facilmente. Podem ser muito violentas, muitas vezes são descomunais e brutais, destruindo nossa alegria de viver, conturbando a vida em comum, atravancando o curso natural da vida. Cabe a nós, portanto, serenar a água agitada por tais emoções, não somente para vê-las com clareza, mas também para podermos lidar calmamente com elas.

Observando, a princípio, uma emoção de cada vez, veremos que, de algum modo, elas interagem. É comum uma emoção predominante associar-se a certos impulsos. Por exemplo, a inveja liga-se rapidamente à ofensa. A raiva aumenta quando associada ao impulso de vingança. A ira é imprevisível e explosiva quando entra o ciúme. A questão é, portanto, perceber cada vez mais essas associações.

A grande ressonância que se vê nos textos deste livro com a minha "Carta do simples viver" mostra que muitas pessoas são tocadas por este tema quando suas diversas emoções não são observadas sob o ponto de vista crítico. Em palestras sobre emoções, as perguntas de meus ouvintes são cada vez mais numerosas. Assim ocorreu em palestras na Alemanha, bem como quando abordei o assunto em Taiwan, estimulado por consultas analíticas detalhadas da minha editora local, a Sra. Hsin Ju Wu. Particularmente, notei as diferentes formas como homens e mulheres interagem com seus sentimentos. Embora haja, naturalmente, diferenças culturais no modo de se lidar com as emoções, os problemas básicos são sempre semelhantes.

Durante as palestras, os ouvintes sempre queriam que eu fizesse um ritual com eles. Após cada reflexão eu ensinava um ritual capaz de ajudar a lidar com a emoção em pauta.

Espero, pois, que este livro ajude muita gente a observar suas emoções sem julgá-las ou condená-las e, assim, lidem com as mesmas, sendo tolerantes com os outros, mas também consigo mesmos. E que, finalmente, enriqueçam e tornem frutíferas sua vida e relações.

I

Emoções: um assunto vital

1
Sentimentos negativos não devem ser reprimidos, mas transformados

Sentimentos negativos originam-se comumente de ofensas. Estas só podem ser sanadas se observarmos e transformarmos os sentimentos *Feridas também podem curar.* negativos. Quando os observamos e transformamos, as feridas que sofremos ao longo da vida cicatrizam. Para dar uma ideia concreta dessa transformação, vou citar dois exemplos: o célebre flautista Hans-Jürgen Hufeisen, que me deu aulas de música, escreveu um livro para o seu 60º aniversário. O tema de aniversário foi abordado e narrado desde a sua infância. É uma história incrível. Logo após seu nascimento, sua mãe colocou um travesseiro sobre o bebê de apenas três dias na entrada de uma pensão e partiu. O dono da casa ouviu os gritos e livrou o menino do travesseiro que ameaçava sufocá-lo. Depois entregou-o a um orfanato. Quando ele estava com cinco anos, uma educadora lhe presenteou com uma flauta. O instrumento foi sua tábua de salvação, pois ajudou-o a transformar e curar a ferida da criança abandonada. Desde então Hans-Jürgen Hufeisen tem encantado um sem-número de pessoas com seu virtuosismo na flauta e tornou-se um flautista de renome na Europa. A opressão do travesseiro sobre a criança se transformou em liberdade e o ar escasso que conheceu após nascer deu lugar ao fôlego que gerou sons de cura.

Um outro exemplo que me foi narrado por meu pai: ele enfrentou uma briga na justiça quando sua loja de material elétrico faliu, pois fora vítima da falcatrua de um empresário. O banco pretendia leiloar sua casa, na qual ele vivia com sua família de sete filhos. Mas meu pai era muito devoto e aferrou-se à oração do Pai-nosso, que rezava diariamente. O pedido referente a cada dia – "O pão nosso de cada dia nos dai hoje" – dava-lhe confiança, mesmo – e especialmente – naquela situação. E a súplica "perdoai as nossas ofensas assim como nós perdoamos a quem nos tem ofendido" transmutava a amargura da sua decepção com o tal empresário em paz interior e sentimento de libertação.

Não há relacionamento sem mágoas. Uma causa comum para problemas de relacionamento é o sentimento de mágoa: "Se alguém me magoa eu reajo de forma a magoá-lo(a)". Não há relacionamento sem mágoas; aliás, assim é a vida, ninguém passa a vida inteira sem momentos de mágoa. Devemos, portanto, encarar isso de frente; a mágoa é uma significativa fonte de autoconhecimento. Nos relacionamentos, aprendemos a nos perceber a fundo, desenterramos antigas mágoas que estão em nós desde a infância. Se um parceiro magoa o outro, a criança magoada vem à tona: a criança negligenciada, a criança abandonada, a criança desconsiderada, a criança depreciada, a criança carente.

Não é possível evitar as mágoas, mas se fizermos uso delas para nos conhecermos melhor, elas poderão nos ajudar a retirar as máscaras e nos mostrarmos tais como somos, inclusive com nossas velhas feridas e ressentimentos. Isso nos aproximará mais dos outros do que se nos escondermos sob a armadura do "tudo bem". E nos torna mais humildes, pois passamos a aceitar nossas sensibilidades e quedas de humor. Precisamos, portanto, parar de simular, porque conhecemos nossas velhas feridas e aprendemos a perceber as dos outros, mas sem crítica. Aceitamos as pessoas tal como são e, em vez de fazer uma imagem delas, passamos a amá-las de verdade e assim como são. Isso é uma libertação; o verdadeiro amor quebra todas as imagens prévias que fazíamos dos outros, leva-nos a alcançar seus corações a fundo e abrir plenamente o nosso para eles. As mágoas podem se tornar uma oportunidade para aprofundarmos o amor, tornando-o cada vez mais sincero e verdadeiro.

É essa transformação dos sentimentos que vamos abordar neste livro. Como as emoções fazem parte de nossa vida, e são elas que lhe dão forma, não faz sentido querermos nos livrar delas ou *Podemos deixar que essas emoções negativas corram soltas?* suprimi-las. Elas são essencialmente nossas, elas nos movem, são poderosas e nos dão poder. Mas às vezes elas nos dominam, sobretudo quando são negativas, quando a ofensa é grande a ponto de acharmos que só nos resta alimentar a raiva, quando a inveja que alguém tem de nós nos atinge a ponto de nos sentirmos consumidos por dentro, quando a atitude de alguém nos fere a ponto de nos sentirmos desvalorizados e desconsiderados, quando nos tratam com uma petulância que arrasa a ponto de nada mais vermos à frente, ou mesmo quando caímos numa tristeza profunda que parece um buraco irreversível e sem perspectivas de saída.

Podemos ou devemos simplesmente deixar essas emoções fluírem? Não é melhor fazer tudo para evitá-las logo no começo? Ou, se elas já vieram à tona, não devemos combatê-las de toda maneira? Afinal, temos bases suficientes de recursos e métodos. Não seria aconselhável o uso da razão, uma atitude mútua controlada, sensata e racional?

As emoções reprimidas ficam separadas de nós; assim, ficamos divididos e perdemos energia. *O que se parte em dois perde a energia.* Há, em alemão, uma bela expressão: "Jemand ist sanftmütig" ("Fulano está quieto"), o que, nesse caso, não significa estar deprimido; *sanft* aqui deriva de *sammeln* ("colecionar" ou "arrumar"). Quem está *sanftmütig* é aquele que "arruma" suas emoções "na estante" e as observa. Assim, essa pessoa está bem e nela vemos o ser completo. Já quando o sujeito limita-se à "cabeça" (a razão), vemos, com efeito, sua cabeça, mas não seu coração; ou seja, não vemos seu ser completo. Portanto, com ele não pode ter nada de verdadeiro.

É claro que, na lida com os outros, devemos manter discrição e não expor emoções descaradamente. Só que mascarar ou reprimir não tem nada a ver com decência ou discrição. Repressão não é outra coisa do que tentar suprimir ou ignorar as emoções; enfim, negá-las. Isso é um mau negócio, porque, seja lá como for, os sentimentos reprimidos acabam achando um jeito de vir à tona; o que, geralmente, ocorre em má hora e atrapalha nosso relacionamento com outras pessoas. Muita gente procura transformar ou superar suas emoções consideradas negativas por todos os métodos disponíveis na psicologia ou nas práticas espirituais. Mas bater de frente com as emoções só serve para fortalecê-las. E há aqueles que pretendem mudar suas emoções porque elas "não são boas" e, portanto, eles próprios "não são bons", porque as têm.

Coisas negativas também contêm energia. A questão não é condenar, trata-se de transformar. Na transformação visa-se uma atitude. Não condenamos as emoções ruins, mas "rastreamos" sua natureza, numa atitude marcada pela esperança de transformá-las em positivas, pois, mesmo em cada emoção negativa, existe uma energia, energia essa que há de ser usada para manter nossa vitalidade. A meta da alteração (transformação) é dar outra forma a tudo. Só que a palavra "alteração", derivada do verbo "alterar", é traiçoeira nas bases. Tornar-se "outro" (alterar) tem uma conotação matemática que acarreta numa classificação numérica. Assim, o "outro" em que vou me transformar será um "número dois", isto é, um "segundo", uma "segunda" opção. O objetivo da transformação a que nos referimos não tem nada a ver com isso, não tem nada a ver com negação de si mesmo, mas, muito pelo contrário, trata-se de nos tornarmos plenamente o que somos; enfim, assumir a imagem única que Deus deu a cada um de nós, de modo que o que realmente somos brilhe com mais intensidade.

A transformação valoriza o que se é, o que se passou a ser, sem classificar. Nela estendemos nosso ser a Deus, de modo que Ele nos permeie e transforme. Não é algo simplesmente passivo.

A transformação não julga, mas valoriza o que se é.

A transformação pode acontecer também quando resistimos ativamente contra a atitude destrutiva, assim como se obtém a eletricidade erguendo-se uma barragem num curso de água, de modo que a energia se faz pelo movimento gerado pelo fluxo natural do rio. A ação pode transformar também quando experimentamos algo; por exemplo, quando simplesmente experimentamos uma certa atitude ou quando fazemos algo plenamente definido. Tais atos podem gerar uma transformação de nossa atitude. Tais experiências também são tema deste livro.

A questão fundamental é: Como poderemos lidar satisfatoriamente com os outros sem termos que negar a nós próprios? E como justamente as mágoas podem vir

Perguntas básicas que persistem.

a ser oportunidades para aprofundar o amor, tornando-o cada vez mais sincero e autêntico? Essas perguntas são velhas e as velhas tradições espirituais podem fornecer conteúdo para respostas atuais.

2
O que nos diz a tradição espiritual

Tornar-se si mesmo: um tema espiritual. A questão do nosso trabalho com emoções negativas não lida com egoísmo e sim com o encontro consigo; portanto, em essência, trata-se de um tema espiritual. Só quando me torno capaz de encontrar a mim mesmo é que posso encontrar-me satisfatoriamente com os demais. O verdadeiro *eu* é algo diferente do ego. Este sempre quer estar por cima e por dentro de tudo. O processo do qual estamos falando consiste no caminho que sai do *ego* e vai para o *ser*. Essa busca do verdadeiro eu não tem nada a ver com repressão e, mais do que uma modificação, trata-se de uma transformação, que é um tema central da espiritualidade cristã. Para mostrar o processo de tal transformação recorrerei à tradição dos Monges do Deserto, que viveram no Egito entre os séculos IV e VI e se tornaram mestres da auto-observação psíquica. E, além deles, veremos exemplos de outros homens e mulheres que vivenciaram a experiência mística e aprenderam a lidar com suas emoções e paixões.

As paixões e a paz do coração segundo os Monges do Deserto. Para os monges antigos, a lida com emoções e pensamentos, necessidades e paixões, era um tema central. No caminho para Deus eles esbarravam em seus pensamentos e paixões; ou seja, em sua realidade interna. Eles chamaram esses pensamentos e paixões de *logismoi* (*logismos*, no singular), uma palavra grega que não tem tradução precisa; pode-se apenas interpretá-la por termos aproximados, tais como "sussurros internos", "influências", "evasivas", "jogos de pensamento", "pensamentos apaixonados", "pensamentos inquietos", "cogitações", "cismas inúteis". Aquilo que os monges haviam vivenciado no mundo tornou-se, no deserto, a forma dos *logismoi* que os afetavam e atormentavam. Eles lidavam com esses pensamentos de modo a não se deixarem governar por eles, para assim se libertarem deles e encontrarem a paz interior. A meta de sua vida era a serenidade do coração – *hesychia* –, na qual eles sentiam a presença de Deus. Mas o caminho que leva a essa paz interior inclui justamente o embate com os tais pensamentos e paixões. Dentro de nós há um espaço de silêncio no qual Deus reside. No entanto, só chegamos lá depois de atravessarmos a "estrada do rebuliço", passando pelo caos dos nossos pensamentos, paixões e emoções.

A lida com os *logismoi* não objetiva a repressão nem a supressão das emoções; elas têm *Deus também participa.* seu sentido. "Emoção" deriva de *movere* = mover. As emoções nos movem, são uma fonte de energia. Se as neutralizamos, falta-nos energia. Mas há também o perigo de ficarmos sob domínio delas; eis por que, em nosso caminho espiritual, é necessário absorver a energia positiva que se encontra em toda emoção, em todo *logismo*. Esse caminho volta-se exclusivamente à transformação. Observamos atentamente a emoção e ponderamos quanto à maneira de transformá-la. O processo da transformação constitui-se nos passos que devemos dar. Mas Deus também atua nesse caminho. Um importante passo dele é dialogar com Deus sobre os *logismoi* e a Ele entregar a questão, para que o Espírito divino permeie e transforme as nossas emoções.

Lutando com os demônios que nos prejudicam.

Os monges dizem: Não somos responsáveis pelos pensamentos e sentimentos que trazemos no íntimo. Somos responsáveis só pelo modo de lidarmos com eles. Os *logismoi* são como demônios que nos atacam de fora. Se nos deixamos governar por eles, aí eles nos prejudicam. Mas se lidamos devidamente com eles, absorvemos força deles.

Há uma história monástica que o fato: "Abade Poimen perguntou ao Abade Joseph: Que devo fazer quando as paixões me rondam? Devo ficar em guarda, ou deixar o barco correr? O ancião respondeu: Deixa o barco correr e fica em guarda. De volta ao seu ermo, Poimen ocupou seu assento. Daí chegou alguém da ermida de Thebas e disse aos irmãos: Perguntei ao Abade Joseph: Que devo fazer quando uma paixão vem a mim? Devo ficar em guarda, ou deixar o barco correr? Ele respondeu: Jamais deixes o barco correr; livra-te imediatamente da paixão. Ao ouvir isso, Poimen ergueu-se, procurou novamente Joseph em Panepho e disse-lhe: Pai, eu te confiei meus pensamentos (*logismoi*), mas tu deste uma instrução a mim e outra ao tebano. Disse então o velho: Não sabes que te amo? Poimen respondeu: Sim. Não me disseste: Falo a ti tal como a mim mesmo? E concluiu: Assim deve ser. Então disse o ancião: Quando as paixões ocorrem e tu dás e recebes delas, elas atuam a teu favor. Falei a ti conforme falo a mim mesmo. No entanto, há outros aos quais as paixões não trazem benefício. Para estes é crucial afastá-las de imediato" (Joseph, 3).

Use o poder das paixões.

Portanto, a força interior é decisiva. Há pessoas que precisam proteger-se das paixões e evitá-las, caso contrário estas as governarão e possuirão. Porém, o caminho mais adequado é deixar que as paixões sigam seu curso em nosso espírito, tornando-nos íntimos delas, conversando com elas, perguntando o que têm a nos dizer. Assim, podemos obter benefício da força delas. Abade Joseph assim descreve tal processo: Elas me beneficiam, fortalecem-me e me presenteiam com uma grande experiência. Essa experiência me faz viver com liberdade e confiança. Não tenho mais medo algum das paixões. Mas as observo em mim. Absorvo aquilo de que preciso na vida e deixo de lado o que pode me fazer mal.

Os dois caminhos que Abade Joseph descreveu no século IV ainda ocorrem. Nos escritos de orientação, o segundo caminho é mais enfatizado: *Transformando inimigos em amigos.* evitar, transpor ou lutar contra as emoções negativas. Mas é comprovado o fato de que quanto mais lutamos contra uma atitude, mais ela revida, tornando-se mais forte. Para mim, o caminho mais promissor é o primeiro recomendado pelo Abade Joseph. Pode-se chamá-lo de caminho da transformação, em oposição ao caminho da modificação. Nesse sentido, descrito pelos antigos monges, desejo descrever as diversas emoções negativas e a transformação delas. Para mim, o objetivo é lidar com as paixões de modo que elas se tornem ajuda e apoio para a vida, transformando-se de inimigas em amigas, mostrando-nos como viver com o poder que há nelas, sem nos deixarmos governar por elas.

3
A lida masculina com as emoções

O que é "masculinidade"? "Um índio não conhece a dor", eis um ditado muito conhecido por muitos garotos. No tempo no nazismo chegou-se ao cúmulo de dizer: "Se você chora é porque a cabeça está desativada". Aquilo que nos endurece leva-nos para frente: essa postura ocupou um papel de destaque na educação da juventude masculina alemã. Mesmo depois de passados aqueles tempos em que esses conceitos eram básicos na educação, a questão ainda é complicada: a população masculina tem certa dificuldade em lidar com os próprios sentimentos. Não é muito raro ouvir das mulheres acusações do tipo: "Você não tem sensibilidade". "Você consegue mostrar seus sentimentos?" "Você por acaso sabe amar?" Como reagir a isso? Emoção tem algo a ver com sensibilidade? Essa postura de afastamento dos próprios sentimentos significa falta de sensibilidade? Como os homens podem expressar suas emoções sem despertar "suspeitas"?

O monge e o homem. Eu sou monge e, naturalmente, sou um homem. E, naturalmente, os monges também foram um tanto submetidos àqueles conceitos educacionais básicos de sua cultura natal. Mas os monges sempre expressaram suas emoções, e o modo como o fazem demonstra algo interessante, podendo sevir de inspiração para os homens de hoje.

Naturalmente, haverá quem faça objeções do tipo: "Os monges, em sua forma espiritualizada de vida, voltada ao pleno relacionamento com Deus, são especialmente privilegiados, porque não estão presos às complicadas situações de estresse dos homens comuns de hoje. Monges não vivem permanentemente sob pressão, não precisam ocultar ou moderar constantemente a expressão de seus relacionamentos da vida privada e das cobranças estressantes da vida profissional". Só que nós monges também vivemos em comunidade e, portanto, em relacionamentos constantes. É claro que temos algo em comum com as pessoas do mundo. Trabalhamos em conjunto com muitas pessoas empregadas em nossas comunidades. E, claro, vivenciamos nossas emoções no relacionamento com outros. Inclusive a ideia de que os monges são tranquilos por natureza é um preconceito. Também temos de aprender a lidar espiritualmente com as emoções. Aliás, as antigas histórias monásticas são parte desse aprendizado. Nossa tradição é marcada por elas.

A maior parte dessas histórias e a maioria das palavras que os monges do deserto nos legaram *Defesa, o método marcial.* referem-se a homens que viveram no deserto nos séculos IV e V à procura de Deus e são conhecidos como "monges atletas". Porque se consideravam guerreiros, entre eles predominavam expressões como luta, esforço, dureza, autoimposição de disciplina. A dureza militar com a qual eles lutavam com suas paixões hoje é geralmente estranha para nós monges. Para eles, sua luta era uma luta espiritual e, às vezes, a designavam expressamente como "Serviço de Guerra por Cristo". Guerreavam como soldados, para que Cristo os enchesse com seu Espírito, e não com paixões.

Algo desse poder que tais homens adquiriam para dominar suas emoções é visível na seguinte declaração monástica: "Disse o Abade Ammonas: Passei quarenta anos no deserto pedindo a Deus que concedesse a vitória sobre a ira" (Ammonas, 3). Esse monge, portanto, batalhou durante quarenta anos contra sua raiva. Mas, ao mesmo tempo, sabia que não poderia fazê-lo sozinho, que precisava da ajuda de Deus.

Abade Isidoros encontrou outro método para se livrar da ira: "Desde que me tornei monge, exercito-me para não deixar a ira vir à tona" (Isidoros, 2) Ele sentia a ira, mas tratava de não transformá--la em palavras, segurando-a dentro do peito na esperança de que ela assim se perdesse em algum lugar.

Não observar emoções. É bem verdade que na tradição monástica existem exemplos que falam claramente de evitar-se radicalmente a atenção às emoções; uma linha comportamental, portanto, que, de certo modo, ainda se vê na atitude masculina geral de hoje.

Num desses casos, Abade Poimen diz: "Se alguém encontra uma cobra ou um escorpião dentro de um frasco e mantém esse frasco permanentemente fechado, os peçonhentos morrem. O mesmo ocorre com os maus pensamentos, introduzidos em nossa mente por demônios: Por meio da paciência, fazemos com que desapareçam" (Poimen, 21). Poimen não ficava observando cada emoção que lhe ocorria, ele as colocava juntas em um frasco fechado. Enquanto ele não falasse nelas nem as observasse não havia possibilidade alguma de que elas viessem à tona. Então elas morriam. Sem dúvida, isto pode ser um método. Mas outros monges recomendam o diálogo com as emoções, de modo a procurar seu sentido. Só assim elas podem ser superadas ou transformadas. Poimen prefere a luta máscula contra as paixões: "Quando somos viris, Deus atua em nosso favor" (Poimen, 94).

É claro que não vamos imitar os métodos dos monges antigos. Basta ler e analisar individualmente como eles lidavam com as emoções e, assim, formularmos um método que convém a cada um de nós.

Há casos em que a fuga às emoções negati- *Fugir das emoções negativas.* vas é o caminho adequado. Assim nos conta Abade Johannes Kolobos, a respeito de si mesmo: "Certa vez, quando praticava o método da ascese sob uma cabana de tecido, vi um condutor de camelos. Ele me provocou, falando em tom agressivo. Então saí do abrigo e fugi" (Johannes, 5). Johannes não conseguiu evitar a ira e não encontrou nenhum meio para tal. Assim, com a ira à flor da pele, ele teve de fugir, na esperança de que a ira não o dominasse. Às vezes a fuga pode ser libertadora. No ato de fugir da ira, que antes me dominava, posso estar me libertando dela.

Uma boa forma de "fuga" é a fuga na oração, como nos conta Johannes: "Eu sou como um homem sentado sob uma grande árvore, que vê muitos animais selvagens espreitando e, não podendo reagir contra eles, corre para longe da árvore. Assim também é se estou sentado em minha cela e vejo os maus pensamentos espreitando a minha mente. Se não posso lutar contra eles, fujo com uma prece a Deus e me salvo do inimigo" (Johannes, 12).

Já na Era Moderna, os métodos desenvol- *O método racional: "Distinção dos sentimentos".* vidos pelos monges na lida com as emoções e as paixões tiveram Inácio de Loyola como iniciador de novas práticas. Nos termos da antiga tradição eclesiástica ele as denominou "Distinção dos sentimentos". Na visão de Inácio, a base desses métodos é a plena abertura para Deus, isto é, a chamada indiferença. Nesse sentido, a pessoa deve constatar precisamente para onde as emoções a estão levando, que efeitos elas têm. Esse método é racional. Com o uso da razão e entregue plenamente a Deus, a pessoa observa e testa suas paixões e as diferencia sempre, de modo a constatar quais encaminham à vitalidade, liberdade e amor de uma forma nova.

Pensando nos métodos de lida com paixões e emoções dos monges antigos e naqueles de Inácio de Loyola, percebemos o seguinte: são métodos tipicamente masculinos; são intensamente carregados de raciocínio e vontade. Os homens distinguem suas emoções, mas tem-se a impressão de que mantêm sempre uma certa distância delas. Eles creem que, através de considerações racionais, podem vê-las claramente e, através da vontade, podem mantê-las a distância. Esse distanciamento interno e externo, que vemos nas histórias dos monges, define decididamente o caminho do distanciamento. Pode-se dizer que ainda hoje isso é um modo especificamente masculino de se lidar com as emoções.

Uma significativa diferenciação de níveis. O que importa e funciona é primeiramente nos darmos conta das emoções e distingui-las claramente das circunstâncias externas. O perigo é justamente não conseguirmos fazer essa distinção. Costumamos achar que os outros são culpados pelas nossas emoções. Na verdade, o que sentimos é sempre a nossa própria reação aos outros e às circunstâncias. É preciso diferenciar o que vem de dentro daquilo que vem de fora, sendo que só podemos trabalhar com o que vem de dentro. Quanto às circunstâncias externas, devemos nos distanciar delas. Devemos observá-las do lado de fora, sem trazê-las para dentro. Só assim podemos perceber claramente como as nossas emoções emergiram no contato com elas e como e por que reagimos emocionalmente a elas. Se não distinguimos os níveis da causa (externa) e o do efeito (interno), aí nos enredamos num emaranhado de nós psíquicos bem difíceis de desatar. As mulheres tendem a considerar esse método, "tipicamente masculino", de incompreensivo e censurável. Costumam ver esse distanciamento como uma incapacidade de ser sensível.

4
A lida das mulheres com as emoções

Por que ocorre, justamente no contexto das emoções, tanta diferença de expectativa e tanta falta de percepção, tanta incompreensão e ofensa entre homens e mulheres? Com certeza, não há *Não são os outros que nos ferem, e sim nossas expectativas.* qualquer intenção ruim por trás disso. Não desejamos ofender ninguém, mas as pessoas têm expectativas umas com as outras, e quando essas expectativas não correspondem ao que se espera ocorre a sensação de ofensa A filosofia estoica diz acertadamente: "Não são as pessoas que te ofendem, mas o não cumprimento daquilo que tu esperas delas".

Às vezes me perguntam como eu posso, sendo monge, entender as emoções das mulheres e como vou orientá-las nesse sentido. Respondo: *A ajuda das Monjas do Deserto.* "Eu não tenho qualquer pretensão de entender as mulheres. Eu posso apenas – aliás como qualquer outro – procurar ouvir bem suas palavras e associá-las ao próprio coração. No entanto, para compreendê-las melhor, também conto com a ajuda dos meus estudos sobre as Monjas do Deserto. No século IV não havia apenas monges, mas também monjas, mulheres que se retiravam para o deserto como eremitas. Elas tiveram suas próprias experiências com as emoções e lidaram com as mesmas de um modo todo peculiar, o que me proporciona hoje alguma noção a respeito".

A relação das emoções com o corpo. Observando os relatos das monjas percebemos que elas não se preocupavam intensamente com as emoções, mas também observavam, como também os homens, a relação das mesmas com o corpo.

Amma Theodora diz: "Certamente, manter a quietude é tão importante para uma monja quanto para um monge, sobretudo quando a pessoa é jovem. Mas entenda-se: Quando alguém se propõe a ficar quieto, o mal não tarda a chegar para ocupar o espírito com cansaço, descaso e pensamentos. E também ocupa o corpo com doenças, enfraquecimento, dormência nos joelhos e em todos os membros. Portanto, o mal dissolve o poder da alma e do corpo. Se estamos doentes não podemos nos ocupar no serviço de Deus, mas se estamos alertas, todo mal se extingue" (Theodora, 3).

Percebe-se aí que Theodora não observava somente as emoções, mas também seus efeitos no corpo físico e, por sua vez, os efeitos do estado físico na vida espiritual. Seu modo de transformar as emoções não é o da luta, mas o da observação, sua introspecção. Vejamos: "Se observo atentamente e percebo as minhas emoções e as reações físicas às mesmas, posso diluí-las; elas perdem seu poder sobre mim". A atenção, nesse caso, significa se conscientizar das emoções e dos desconfortos físicos – ou perceber as doenças físicas –, entrando em contato com elas e perguntando o que têm a nos dizer. A lida atenta com as emoções e reações físicas nos leva à clareza e liberdade interior. Aliás, a moderna psicologia da atenção nos diz algo semelhante: a observação e percepção de nossas emoções – e sua consequente associação com as emoções alheias – é importante também nas nossas relações. Para olharmos para dentro de nós não precisamos de formação psicológica; basta confiarmos em nosso próprio sentimento.

Gostaria de citar outro exemplo de lida com emoções da parte de duas mulheres históricas, duas místicas, Teresa d'Ávila (1515-1582) e Teresa de Lisieux (1873-1897). *Autoconhecimento como um caminho para Deus.*

Em sua autobiografia, Teresa d'Ávila fala muito das suas emoções. Ela se auto-observou acuradamente e conheceu muito bem a si mesma. Mas nunca se condenou nem falou mal de si; na verdade, falou de si e de suas fraquezas com humor. Para ela, também era importante seguir o caminho que leva a Deus como um verdadeiro autoconhecimento. Ela escreveu: "É absurdo crer que podemos entrar no céu sem antes entrar na nossa alma, sem conhecermos a nós mesmos e refletir com misericórdia sobre a nossa natureza" (cf. FRITSCH, 2011: 30). Conhecer a si mesmo não é ficar o tempo todo observando nossas fraquezas e achar que podemos triunfar sobre elas. A transformação das emoções ocorre muito mais na medida em que olhamos para Deus, que nos aceita incondicionalmente. Se observo as minhas emoções e paixões, mas, ao mesmo tempo, me disponho a abrir-me, colocando-me no caminho que leva a Deus, carregando comigo minhas paixões, muitas emoções se transformam. Uma vez que deixo de centrar-me em mim mesmo, desaparece o lastro que sustenta as emoções negativas que eu trazia comigo. Teresa estava convencida de que ninguém precisa ser perfeito para transformar suas emoções; a coisa consiste muito mais em colocarmos nossa alma em contato com o espaço do silêncio interior, com Deus dentro de nós, mesmo envolvidos que estejamos com nossas paixões. Teresa tinha a convicção de que ninguém precisa ser perfeito para transformar suas emoções. A questão é, em meio às paixões, entrar em contato com nosso anseio por algo, por um lugar de silêncio, por Deus em nossa alma.

Amizade e diálogo. Para quem acha demasiado piedoso e demasiado passivo apresentar suas emoções a Deus, eu sugiro: Você pode simplesmente observar a si mesmo. Isso exige uma grande sinceridade. Mas podemos também recorrer à tradição para mostrar o que nos dizem os mestres e mestras do passado. Seu recado é basicamente este: os relacionamentos com o próximo são referenciais para saber se nossa vida spiritual "está de acordo". Teresa d'Ávila diz, inclusive, que a amizade é um bom caminho para transformar nossas emoções. No contexto das amizades é extremamente útil nos tornarmos interiormente livres, e a conversa com pessoas "que não têm mais ilusões com as coisas do mundo é grandemente construtiva no sentido de falar com alguém que nos observa, para que possamos observar a nós próprios" (cf. FRITSCH, 2011: 61). Um excelente discurso. Precisamos frequentemente conversar com pessoas a quem mostramos nossas emoções e a quem falamos sobre elas. Mas não basta que sejam confiáveis, não basta que nos acalmem. Elas precisam ser pessoas que observam e percebem o mundo, bem como a si próprias. Portanto, a conversa nos capacita a nos auto-observarmos, o que não tem nada a ver com autocondenação. Pelo contrário, trata-se de estarmos sempre sintonizados com o humor e a alegria. Observamos nossas manhas, com as quais costumamos enganar a nós mesmos. É uma introspecção que liberta e lida de um modo novo com nossas emoções e paixões. Isso requer ânimo e abertura mútua.

Humildade em forma de coragem – o amor de Deus purifica. Em Teresa de Lisieux encontrei uma outra observação de valor, no sentido de lidar com as emoções. Teresa foi uma jovem muito sensível. Depois de completar 15 anos de convento, teve muitas amarguras devido a sua sensibilidade. Sentia-se constantemente criticada e ridicularizada pelas outras irmãs. Passou por depressões, raiva e ofensa. A princípio, esquivou-se de tais sentimentos com magnanimidade. Sentia-se como uma "pequena favorita de Jesus". Como tal, não precisava trabalhar nada em si mesma, não precisava deparar com suas emoções e paixões. Ela, por assim dizer, celebrava suas fraquezas e fazia-se pequena como uma criança, à maneira de uma criança imatura que tinha sentimentos especiais. No decorrer de sua vida de claustro, encontrou, por fim, outro caminho. Reconheceu sua impotência, sua vulnerabilidade, seu abandono, sua raiva, seu medo e entregou tudo isso a Deus. Descobriu uma imagem do amor de Deus que a ajudou nesse caminho: a água sempre procura o ponto mais fundo. Assim, ela deixou que o amor de Deus jorrasse para dentro de suas amarguras. Lá no fundo aqueles sentimentos se transformaram. Não se sentiu mais como uma recalcitrante quando reagia sensivelmente, mas passou a entregar a Deus a reação e a dor que a feriam, para o amor dele inundar-lhe a alma. A partir daí percebeu que não poderia mais ficar separada de Deus. O jorro do amor de Deus sobre suas emoções e pensamentos transformaram seus sentimentos. Ela deixou de se sentir só, criticada, abandonada, ridicularizada e rejeitada, pois entregara a Deus todos esses sentimentos, que se tornaram uma "porta de entrada" para o amor de Deus, inundando sua alma e transformando seu estado de ânimo interior. Em meio à dor, ela sentiu a alegria de ser amada. Seguindo esse caminho, Teresa descobriu aquela atitude que foi tão importante para os monges no seu caminho de transformação: a humildade, que, para ela, foi o impulso de se abrir para o amor de Deus. Ela pôde ver-se a si mesma tal como era, com suas fraquezas e falhas. Teresa observou seu caos emocional, suas paixões e necessidades imaturas. Porém, não se acusou mais, e sim deixou o amor de Deus jorrar sobre todas as necessidades, paixões e emoções. Deixou de se condenar por suas fraquezas, mas as tornou visíveis. A cada fraqueza revelada caía um obstáculo em sua alma para que o amor de Deus entrasse. "Cada fraqueza recém-descoberta abre um caminho para um espaço ainda mais desconhecido e profundo na alma, para onde o amor de Deus pode fluir como água" (cf. JOTTERAND, 2007: 47s.). Isso leva à transformação das emoções em gratidão, amor e alegria.

5
Interação das forças masculina e feminina

O que notamos em comum nos comportamentos masculino e feminino na tradição espiritual é que em ambos os casos a solução é abrir caminho às emoções e paixões. Mas isso não significa deixá-las como estão ou se deixar governar por elas. É preciso atenção, bem como coragem e energia, para percebermos e encararmos seriamente nossas fraquezas e admiti-las em público. Só que a lida com as emoções não é uma coisa suave; necessita de um espírito combativo de nossa parte. Para deixarmos transparecer nossas fraquezas perante os outros necessitamos estar preparados para sofrer críticas, o que só é possível se estivermos suficientemente fortes e sem medo de nossas fraquezas e das críticas.

Liberar os sentimentos sem submeter-se a eles.

As mulheres vivem as emoções intensamente e não lutam com elas de modo agressivo. Tendem mais a liberá-las e modificá-las de dentro para fora. Os homens, não raro, sentem-se inseguros nesse sentido. Não entendem a emotividade das mulheres, costumam esquivar-se dela ou banalizá-la com o "filtro" da censura, considerando as mulheres irracionais e demasiadamente dominadas e gover-

Homens e mulheres: incompreensões e censuras.

nadas pelas emoções. Os homens, inseguros que são na lida com os sentimentos, costumam criticar as mulheres que demonstram emoção na sua frente. Elas, por sua vez, têm a impressão de que os homens se escondem sob a capa de argumentações racionais e têm medo de demonstrar seus próprios sentimentos.

Eis um exemplo que também é observado em estatísticas de saúde: na associação entre emoção e doença constatou-se que as mulheres eram mais sensíveis e mais sinceras do que os homens. Estes se defendem das doenças, seja simplesmente ignorando-as, seja tomando medicamentos. Já as mulheres percebem mais a doença e indagam o que ela tem a lhes dizer.

Outro exemplo concreto do dia a dia: uma mulher estava modificando a decoração do corredor de sua casa e já sentia a alegria de mostrar mais tarde ao marido o resultado de seu esforço, quando ele chegasse do trabalho. Mas o homem havia tido um dia difícil na empresa e, tão logo chegou, começou a praguejar contra o seu chefe, não vendo nada do que sua esposa havia feito. Resultado: ela ficou muito magoada. Ele não queria magoá-la, mas ela não distinguiu nem um pouco seu comportamento externo da emoção que o provocara. Devemos observar bem nossas emoções, mas também distingui-las, de modo a ver se elas vêm de fora ou de dentro. Reagimos ao comportamento externo de alguém, mas isso é a nossa própria reação, nossa própria emoção. Só quando as observamos podemos abrandar seu efeito, tornar nossa atitude compreensível ao parceiro, de modo a mostrar claramente o motivo da emoção, o porquê de reagirmos daquele modo.

Equilíbrio entre sensibilidade e distanciamento. Conflitos entre homem e mulher costumam se originar da diferença de suas respectivas formas de lidar com as emoções. Ocorre, em homens e mulheres, uma determinada medida entre sensibilidade e distanciamento das emoções. É útil, portanto, uma integração entre ambas as perspectivas. Homens e mulheres podem complementar-se, dominando as próprias fraquezas por meio das forças do outro. Não há um equilíbrio estabelecido entre a sensibilidade e o distanciamento; sempre temos que encontrar particularmente um contrapeso adequado. Podemos nos perguntar: Quando vou ao encontro de alguém, o distanciamento emocional me torna inacessível? Ou será que o distanciamento é necessário para que eu me relacione com a pessoa sem aborrecê-la com minhas emoções? É decisivo que eu, por meio da sensibilidade e da distância, possa entender melhor e aceitar a mim mesmo e ao outro.

Trata-se de unir ambas as formas de percepção. Segundo C.G. Jung, é imprevisível o que pode ocorrer quando o homem reprime sua *anima*, isto é, sua faceta feminina. Pode-se observar isso em alguns chefes, que acham que precisam mostrar somente sua face masculina. Quem permite que suas partes masculina e feminina interajam também se liberta. Por exemplo, se detectamos emoções agressivas em nós, trata-se frequentemente de algum impulso para enfrentar algo ou extravasar um conflito, organizar melhor alguma coisa em nós mesmos. Os homens têm muito a aprender com as mulheres.

A lida com nossas emoções é também um caminho de amadurecimento. Todos nós, homens e mulheres, podemos alcançar um estado de plenitude integrando nossos lados masculino e feminino. C.G. Jung diz que um ser humano só se torna pleno quando percebe, aceita e integra *anima* com *animus*, isto é, suas partes feminina e masculina. Homens e mulheres devem, portanto, se complementarem e se ajudarem mutuamente para transformar suas emoções numa fonte de força e amor.

Integração: um caminho de amadurecimento.

II

Tornar a vida mais leve
Transformar emoções negativas

1
Não deixe que a INVEJA lhe consuma

A inveja é uma velha conhecida. Querendo *Queiramos ou não, temos inveja.* ou não, ela surge em nós. A Bíblia nos mostra isso em muitas histórias, sendo que a mais famosa é a dos irmãos Caim e Abel. A inveja é sempre voltada a outros. Invejamos uns aos outros pelas vantagens que não temos e gostaríamos de ter, ou simplesmente pela preferência dada a eles; por exemplo, um irmão que nos pareça mais amado pelos pais. Ele, e não eu, é o principal, é o foco das atenções. Em suma, são aqueles filhos sortudos da vida, aos quais tudo foi entregue no berço. Sua vida privada e profissional fica no lado ensolarado da vida; eles têm de tudo: sucesso, dinheiro, beleza, talento, felicidade, filhos inteligentes e um/a parceiro/a ideal. Tudo vai ao encontro deles. E conosco? A nós tudo falta; nada vai bem em nossa vida. Isso é justo? Nós nos esforçamos para ser mais tranquilos, enquanto outros simplesmente são donos de si e não precisam de esforço. Nós nos empenhamos no trabalho e vivemos sob pressão competitiva, enquanto outros são vencedores, vivem intensamente e nos ultrapassam na vida profissional. Tudo cai nas mãos deles. Eles simplesmente podem viver livremente como quiserem. Isso dói em nosso coração; nós não os suportamos. Eis a inveja.

Uma marca no coração: a inveja reprimida.

Não costuma haver reações extremas ao comportamento invejoso. Sem dúvida, dizemos: Fulano fica amarelo (ou verde) de inveja. E ponderamos: Isso não é saudável. Mas nem sempre é fácil percebermos a inveja em nós mesmos, pois aí entra o nosso próprio orgulho. Quem vai querer admitir que tem inveja de alguém? É o mesmo que admitir que somos mesquinhos. Quem quer ser um mísero despeitado? Podemos nos irritar com nós mesmos e com nossos olhares enviesados, bem como tentar reprimir conscientemente esse sentimento. Só que, se reprimimos a inveja, ela se aloja como uma agulha no coração e o relacionamento com as pessoas também se conturba, ou percebemos que a inveja reprimida continua "trabalhando" e ameaçando tomar posse de nós, ofuscando nossa vista, e que um ressentimento latente nos tira a paz, tornando-nos agressivos em relação a tudo o que nos rodeia.

Inveja, ressentimento e comparação se entrelaçam.

Inveja também é ressentimento. Não invejamos sucesso ou popularidade dos outros; a inveja é devida a nos compararmos com eles. Comparamo-nos com os outros e ficamos invejosos, sentindo que somos piores, menos favorecidos, menos considerados do que eles. A inveja é sempre um sinal de insatisfação consigo mesmo. Na medida em que alguém está grato e satisfeito, menos inveja terá.

Inveja é uma coisa que não faz bem. Como lidar com ela? E, acima de tudo, como livrar-se dela? A inveja tem seu poder, sendo preciso descobri-lo e usá-lo de modo positivo, como, por exemplo, transformá-lo em ambição, que leva ao desejo de agir para progredir; aceitar a emoção e transformá-la em força positiva.

Admitir a inveja e observá-la por completo.

Eu gostaria de apresentar alguns meios de alcançar este objetivo. O primeiro consiste em simplesmente admitir a inveja, assim: Eu admito que algo me falta, eu quero ser como fulano ou sicrano, eu quero ter o que fulano tem. Também quero estar em evidência como fulano ou sicrano. Eu reconheço que sinto essas necessidades e entrego isso a Deus. É preciso humildade para reconhecer: Sim, com toda essa espiritualidade, sei que sou invejoso e carente. Mas deixo que o amor de Deus flua sobre as minhas carências e a minha inveja seja transformada; em meio à inveja eu sinto a vibração do amor de Deus, sinto-me amado incondicionalmente, e a inveja se transforma em paz interior.

O segundo meio: penso em todas as pessoas a quem invejo e me pergunto: Se eu tivesse isso que aquele cara tem, se eu fosse como aquele camarada, se eu estivesse em evidência como aquele outro, eu seria feliz? O que realmente me faria feliz? Não é aquilo que possuo, e sim ser aquilo que sou; é preciso encontrar harmonia interior. O que interessa não é ter, e sim ser. A inveja me convida a passar do ter para o ser.

No terceiro meio imagino que tenho e sou *Um convite à gratidão.* tudo o que observo nos outros e me pergunto: Se assim fosse, eu seria realmente eu mesmo? Será que eu não seria uma espécie de "Frankenstein", um "produto", em vez de uma pessoa?

Na medida em que aceito a inveja e a observo até o fim, ela pode se transformar em gratidão. Sou grato por mim mesmo e minha vida. Vejo a mim mesmo com novos olhos. De repente descubro que Deus me deu tudo. E, por gratidão, convivo bem, com satisfação e também com restrição. Tenho limites, mas sou presenteado por Deus.

Esse exercício que acabo de descrever na forma de três caminhos ajuda na lida com a inveja? Posso falar da minha experiência com essa emoção: Naturalmente, hoje tenho mais facilidade de vencer a inveja, mas, apesar dos crescentes sucessos, deparo-me com alguém que tem mais êxito do que eu. O êxito não me livrou da inveja; ele me ajuda a lidar mais serenamente com ela. Isso que descrevi acima como métodos, eu mesmo experimentei tempos atrás. Sempre começo escrevendo os meus livros como que para mim mesmo, de modo a estabelecer um caminho eficiente para lidar com minhas emoções. No ato de escrever percebo claramente o que serve para mim. É claro que não basta fazer e idear esse exercício uma vez, pensando que assim meu sentimento de inveja está definitivamente vencido. A inveja sempre volta à tona, mas quando isso ocorre, não devo lutar com ela nem reprimi-la, e sim entregá-la a Deus ou refletir até o fim sobre as outras duas opções mencionadas acima. A inveja sempre vem e sempre se torna um estímulo para sermos cada vez mais nós mesmos e cada vez mais satisfeitos com nossa identidade.

A necessidade básica para a transformação da inveja é a ausência de julgamento. Se me condeno por sentir inveja, ela continuará a me controlar. Surgirá em meu ser um sentimento de culpa que me levará à depressão. O correto é observar a inveja e lidar livremente com ela, sem julgar. Assim faziam os monges antigos, que eram exímios mestres na lida com pensamentos negativos e paixões. Extraíam sempre uma força positiva contida nas paixões, de modo a fortalecer seu caminho espiritual.

Quando percebemos que alguém nos inveja. Mas, e quando o "olho gordo" de outros nos atinge? Como reagir? Minha sugestão é você não ficar "sob os holofotes" e, assim, não motivar a inveja alheia. Mas também não é para se retrair. Viva sua vida e use suas capacidades da melhor forma possível. Deixe a inveja dos outros com eles mesmos, eles é que têm de lidar com ela. O que importa é você se manter invulnerável a ela.

Mas o que fazer se a inveja não se restringir ao "olho gordo" e chegar à agressão? A antiga história de Caim e Abel fala disso. O ponto central dessa história para esclarecer esta questão é: quem simplesmente se mantém passivo tem o destino de Abel, que foi morto por Caim. Caim era agricultor e Abel pastor. Caim achava que Deus preferia as oferendas de Abel às dele. É a inveja emergindo. A Bíblia descreve como essa inveja se manifesta fisicamente: "Caim se enfureceu e ficou com o rosto abatido" (Gn 4,5). Deus volta-se para Caim e lhe diz: "Por que estás enfurecido e andas com o rosto abatido? Não é verdade que se fizeres o bem andarás de cabeça erguida? Mas se não o fizeres, o pecado não estará à porta, espreitando-te como um assaltante? Tu, porém, terás de dominá-lo" (Gn 4,6s.). A inveja nos faz esconder nossa "cara amarrada", sem coragem de olhar para cima, pois assim mostraríamos nosso estado de ânimo a Deus. Ele se refere à inveja como a um demônio que está de tocaia para pegar Caim. O dever de Caim é dominar o demônio, ou seja, lutar com ele até transformá-lo numa força que lhe seja útil, em vez de prejudicá-lo. Caim deixa-se dominar pela inveja e mata seu irmão Abel. Mas o assassinato não lhe serve para nada. Daí em diante ele terá que vagar sem sossego pelo mundo.

Mas a história também mostra que Abel pereceu por não ter se protegido da inveja de Caim. Precisamos nos proteger. A questão é como fazê-lo. A meu ver, é aconselhável estarmos bem conosco mesmos em meio à inveja alheia; não estimulá-la, não reagir, e sim nos mantermos em nós próprios. Precisamos colocar um escudo protetor entre nós e os invejosos.

A história de Caim e Abel tem ainda um outro aspecto: o parentesco. Entre irmãos é singularmente difícil lidar com a inveja. Em muitos casos a atitude dos pais desempenha um papel decisivo no surgimento desse sentimento entre irmãos. Quando os pais não agem com justiça, sendo mais severos com uns e menos com outros filhos, aí sempre

Uma questão específica: inveja entre irmãos.

surge a inveja. Os pais devem, portanto, esforçar-se para não preferir nem preterir nenhum de seus filhos.

Jesus dá um exemplo de inveja entre irmãos na Parábola do Filho Pródigo. O filho mais novo pede ao pai sua parte da herança e sai mundo afora para gozar a vida. Mas, quando o dinheiro acaba, ele tem que trabalhar cuidando de porcos, e passa fome. Cheio de remorso, volta para casa. Seu pai fica tão feliz pelo seu retorno, que dá uma grande festa. Porém, o irmão mais velho, que permanecera em casa e sempre servira fielmente ao pai, fica enfurecido. Sente inveja do irmão mais novo, que gozara a vida desenfreadamente e agora, voltando como um fracassado, era tão bem-recebido. O filho mais velho jogou toda sua raiva sobre o pai, porque ele sempre fora fiel e trabalhador, e, no entanto, o pai jamais lhe dera uma festa nem mandara matar um bezerro gordo para ele. Assim, despreza o irmão mais novo e o evita, não querendo saber dele: "E agora que voltou esse teu filho, que devorou tua fortuna com prostitutas, matas para ele um bezerro gordo" (Lc 15,30). Então o pai voltou-se amorosamente para o seu primogênito: "Filho, tu estás sempre comigo e tudo o que é meu é teu" (Lc 15,31). Mas não sabemos se todo esse amor foi capaz de abrandar a inveja do filho mais velho. Jesus deixa isso em aberto. Aqui temos um caso típico de inveja entre irmãos, coisa que ainda hoje vemos com frequência: um deles tem a impressão de que o outro é preferido. Toda dedicação, toda atitude correta junto ao pai cai no vazio. O filho que mais dor de cabeça dera ao pai acaba sendo o preferido. O filho mais velho se recusa a considerar o que o mais novo passou: conviveu com os porcos, o que, para um judeu, é o que de mais baixo pode acontecer a uma pessoa.

Na inveja gira-se egoisticamente em torno de si, recusa-se a considerar ou sentir o que se refere aos outros. O invejoso só vê o que os outros têm e ele não. Por isso mesmo o invejoso precisa de atenção especial. No crescimento dos filhos os pais devem observar a inveja entre eles como um sinal de alerta de que um se sente muito menos considerado do que o outro ou os outros. E porque o invejoso também precisa da atenção de Deus para livrar-se da fixação no próprio ego, apresento um ritual.

Ritual

Imagine-se diante de Deus e estenda a Ele as mãos em forma de concha, entregando sua inveja nas mãos dele. Você gostaria que Deus lhe pusesse nas mãos tudo aquilo que outras pessoas têm e que você inveja. Em seguida, imagine que suas mãos não poderiam segurar essas coisas se Deus as colocasse nelas. Então pergunte-se pelo que Ele já colocou em suas mãos, as capacidades que lhe deu: força e sutileza, criatividade e sensibilidade. Igualmente veja tudo o que suas mãos já criaram, sentindo-se grato a elas, que são as únicas no mundo, às quais as mãos de outras pessoas não podem servir de referência. Agradeça a Deus por essas mãos e por tudo o que Ele já realizou por meio delas e pelo que já colocou nelas.

2
A força positiva na IRA e na RAIVA

A ira costuma mostrar que há algo errado. "Isso é pra dar raiva mesmo!" Muita gente conhece essa sensação. Por exemplo, quando algo vai mal no escritório e o chefe responsabiliza um único funcionário, sem a mínima razão, só para parecer competente diante de seus superiores. O sujeito está para entrar em férias e quer relaxar, cuidar da família, e justamente nessa circunstância é perturbado por uma reprovação dura. E o pior é que o efeito não acontece de modo privado: O "homem da raiva" já havia sido até apelidado como "a palavra do ano".

As pessoas costumam manifestar seu desapontamento e protestam cheias de indignação, abertamente e em voz alta, quando não concordam com uma medida tomada pelo Estado ou por uma autoridade pública, que gostariam de mudar à força. Assim agem quando andam pela rua ou conversam via internet.

De um modo geral as pessoas demonstram publicamente sua ira, seu ódio cego e sua agressividade, poluindo o ambiente. As reações variam: uns se enfurecem, explodem, perdem o controle e digladiam-se descontroladamente; outros levam esses ataques para seu interior, implodindo-se e danificando seu espírito.

Com certeza, existe uma raiva justa que costuma surgir quando algo está errado. A suavidade de espírito é uma virtude marcante de Cristo. No entanto, a suavidade nem sempre é uma atitude adequada ou compreensível. A raiva e a ira fazem parte do espírito humano, e nós as vemos também na Bíblia. Os salmistas, por exemplo, costumam manifestar raiva diante de ameaças de inimigos ou quando são ludibriados por pessoas ruins, e eles não têm medo de mostrar essa emoção a Deus.

A raiva de Jesus: o que diz a Bíblia?

Até Jesus ficava irado. Ele chegou a expulsar os comerciantes do templo por negociarem naquele lugar sagrado. A raiva lhe deu força para expulsá-los sozinho. Há também outra ocasião na qual Jesus manifestou sua raiva. Ele pretendia curar um homem que tinha uma mão mirrada, na forma de alguém que retrai a mão para não queimar os dedos. Os fariseus o espreitavam atentamente, para ver se Ele iria curar num sábado, que era um dia proibido para muitas práticas, incluindo essa. O Mestre olhou para eles, um por um, "com um olhar indignado e triste pela cegueira de seus corações" (Mc 3,5). A raiva livrou Jesus da influência dos fariseus; ele não permitiu que a dureza do coração deles o impedisse de fazer aquilo que considerava certo. Jesus não gritou com os fariseus; sua raiva se manifestou pela distância que mantinha deles: "Lá estão eles com seu coração duro, mas eu estou aqui para fazer o que considero certo, o que me parece devido". Nesse caso a raiva é, para Jesus, a força para agir de acordo com sua consciência, mas ela vem acompanhada de tristeza. Ele se coloca no lugar dos fariseus, como que lhes estendendo a mão; também se distancia deles para estabelecer uma nova relação em outro nível. Mas os fariseus não aceitam e conspiram matá-lo (cf. Mc 3,6).

O que ocorre quando ficamos com raiva?   Observando essa história percebo dois tipos de raiva. Em Jesus, ela leva à razão e à justiça; nos fariseus, conduz à agressão destrutiva: eles querem matar Jesus. A raiva é destrutiva quando não a administramos bem no momento em que ela chega; explodimos, e ela assume o comando. A questão é como lidar com a pessoa no momento em que ela nos enraiveceu.

Antes de tudo, é preciso admitirmos que não estamos sempre no controle; mas é possível tentar rever o ocorrido: O que aconteceu? Como se deu a explosão? Qual foi o estopim que detonou a agressão? Se entendermos o que ocorreu naquele momento, de agora em diante podemos ficar mais atentos; ou seja, sabendo que a sensibilidade pode nos causar reações bruscas, devemos nos preparar para eventuais imprevistos e nos fortalecer.

Um raciocínio útil.   Um raciocínio que pode ajudar é este: Como eu reagiria na mesma situação se estivesse equilibrado, se estivesse em paz comigo? Isso me ajudou a reagir calmamente quando, por exemplo, um confrade bateu agressivamente à minha porta. A batida me lembrou da meditação, quando eu estava completamente comigo mesmo.

Sem dúvida, a pessoa também sofre com a sua raiva, porque esta a domina uma noite inteira, por exemplo, e ela não encontra um jeito de afastar sua agitação interna. Como lidar com tal situação?

Mais uma vez, não se trata de suprimir a raiva. No entanto, não podemos simplesmente deixar isso correr frouxo, pois, assim, prejudicamos os outros. A questão é, mais uma vez, ver a grande energia que está na raiva e transformá-la em força positiva, porque precisamos dessa energia para nossa vida, que pode ser percebida quando questionamos nossa raiva.

A primeira pergunta seria: Minha raiva é justificável? É uma reação contra algo que atrapalha a minha vida e a dos outros? Ou será apenas uma expressão de um ego ferido que reage com raiva porque seus desejos infantis não são satisfeitos? No primeiro caso, a questão é transformar a raiva em estratégia para defender o que beneficia a vida. No segundo, é dizer adeus aos nossos desejos infantis.

Questionar a raiva: uma atitude que beneficia a vida.

Uma jovem policial me disse que algumas pessoas mais velhas, que poderiam ser seus avós, respondem com raiva e a ofendem quando ela os faz parar e os interroga em *blitz*. Elas não querem entender seu trabalho. O fato de que a polícia não é arbitrária, e sim trabalha para proteger a vida, passa desapercebido por esses "cidadãos furiosos". Eles se prendem aos seus desejos infantis.

Perguntei-lhe como reage, e ela respondeu que o confronto a deixa com raiva, e que precisava dela para se proteger dos insultos. Em tal situação, a raiva é como um escudo que seguramos para que os ataques do outro não nos atinjam. Se, desse modo, transformamos a raiva em poder, isso nos fará bem.

A raiva deve ser transformada em força ou energia efetiva. Mas tal poder não é dirigido contra os outros; não lutamos contra eles, mas apenas nos protegemos. Se a raiva nos protege de um ataque, então, por meio dela devemos penetrar no espaço interior do silêncio que não pode ser alcançado pela ira ou pelos ataques dos outros. Nem todos conseguem fazer isso.

Alguns se retraem e tendem a se sentir vitimados, mas nada fazem; apenas reclamam, lamentam-se e ficam presos em suas lamúrias. Mantêm sua impotência em vez de se tornarem ativos e se defenderem.

Saia da posição de vítima – como a raiva se torna uma força protetora.

Em seu papel de vítima sentem que os outros sempre são os culpados por tudo o que lhes acontece de ruim.

É verdade que às vezes nos tornamos vítimas de injúrias ou calúnias. É importante aceitar o fato, isto é, encarar a situação tal como ela é. Mas não devemos permanecer na posição de vítima, e a raiva é uma boa maneira de sair dela se transformamos esse sentimento no objetivo de tomar nossa vida em nossas mãos.

Dialogar com a raiva é perceber a motivação que está por trás dela. Assim descobrimos que nossa raiva é muitas vezes uma reação ao nosso sentimento de inferioridade ou insegurança. Mas não adianta ficar se lamentando; o correto é usá-la como uma energia ativa que nos põe em contato com nossa força interior, para que possamos tomar a rédea de nossa vida e fazer nosso próprio caminho. A raiva nos motiva a não deixar que os outros destruam nossa vida. Jogamos fora aqueles que nos ferem, por assim dizer; fechamos a porta para eles e não pensamos neles em casa. A raiva é transformada em poder que protege nosso eu, defendendo-o do que atrapalha e prejudica nossa vida. Assim, não caímos cegamente na raiva, mas a transformamos em reação lúcida. É uma força que nos leva a distinguir o que serve para a nossa vida daquilo que nos atrapalha.

Se você não conhece e não vê com clareza as razões de sua raiva corre o risco de continuar com a velha desculpa: "Não há o que fazer". Isso é um sinal de fraqueza. É importante lembrar que só podemos transformar o que assumimos. Somente quando aceitamos nossa raiva com todas as suas motivações é que podemos transformá-la em boa energia. Uma energia é boa se nos leva a assumir e resolver algo, não nos fazendo ficar estagnados na reclamação.

Recorrer à oração: o caminho dos salmistas. É claro que nem sempre conseguimos transformar nossa raiva em poder, mas podemos encontrar ajuda na oração. Nesse sentido, os salmos nos mostram concretamente como ocorre a transformação da raiva e da ira em confiança e em júbilo. O salmista expressa sua raiva dos inimigos que o combatem, mas entrega esse sentimento a Deus, deixando a reação para os malfeitores. Em sua ira, ele não derrota seus inimigos, mas confia que Deus lhe fará justiça. O salmista chega a expressar sua raiva em imagens saudáveis: "Fiquem confundidos e desacreditados os que atentam contra minha vida! [...] O caminho deles seja tenebroso e escorregadio, quando o anjo do SENHOR os perseguir!" (Sl 35,4.6). Mas, em seguida, a oração se volta para Deus e louva-o por sua misericórdia. "Exultem e alegrem-se os que querem para mim a justiça, e digam sem cessar: 'Grande é o SENHOR, Ele quer o bem-estar de seu servo!'" (Sl 35,27). A própria oração aqui é um meio de manifestar diante de Deus todas as emoções, inclusive a raiva e a ira. A expressão da raiva se transforma naturalmente. Acima de tudo, isso ocorre ao nos voltarmos a Deus. Mas não podemos simplesmente usá-lo para lutar por nós; precisamos somente deixar o veredito para Ele. Dirigimos-lhe nosso pedido para que Ele não nos deixe sozinhos, mas nos ajude. A raiva, então, é transformada em confiança e júbilo, em alegria poderosa que mantém o poder dela.

Ritual

Tente imitar concretamente o que os salmos nos mostram. Imagine que você está de pé diante de Deus e repreendendo uma pessoa que lhe magoou. Durante dez minutos você diz em voz alta, diante de Deus, palavras ofensivas àquela pessoa. Você se permite fazer isso, e perceberá que a ira não está atuando. Algumas palavras ficarão presas em sua garganta, especialmente porque você as pronuncia diante de Deus. E ao pronunciar algumas delas sentirá, depois de algum tempo, o oposto da raiva e da ira; sua raiva se transformará em amor. De repente você poderá ter sentimentos ternos em relação àquele que antes repreendia.

3
O que a RAIVA tem a nos dizer

Experiências e consequências desagradáveis. É fácil dizer: "As pessoas não têm o poder de nos incomodar". Mas nem sempre isso é um jogo inofensivo no qual adultos e crianças podem aprender a perder. Cada um se incomoda de um modo específico: uns escondem ou engolem o problema, outros se tornam agressivos ou literalmente "estouram". Os casos podem ser muito diferentes e, com frequência, têm pouca importância. Exemplos: numa reunião, um colega sempre se coloca em primeiro plano, fazendo-se de importante diante do chefe – uma encenação vazia. A namorada chega tarde demais ao encontro, e não é a primeira vez. O trem atrasa, mesmo que seja só uns poucos minutos. Alguém grita besteiras ao celular. O vizinho corta a grama em plena hora do almoço. Justamente quando queremos nos concentrar as crianças fazem barulho no jardim em frente. Queremos perder peso, mas ficamos tentados diante da geladeira. Simplesmente irritante! Há pessoas que chegam a ter úlceras gástricas ou empurram os problemas com a barriga.

A raiva não é causada apenas por experiências desagradáveis; ela também pode ser provocada. Se não a transformarmos, ela procurará maneiras de se expressar, não necessariamente como uma úlcera gástrica; pode ser, por exemplo, um resfriado. Então dizemos: "Sinto-me mal". "Estou com o nariz entupido". Chega!

Cada um de nós conhece essas situações, mas como lidar com isso? Temos realmente a possibilidade de evitar problemas? E se não temos, como se livrar deles? Conforme disse anteriormente, é preciso não nos inundarmos nesse sentimento. Na maioria das vezes o que nos incomoda vem de fora. Portanto, primeiramente devemos separar a emoção das condições externas e analisá-las melhor. Somente assim será possível uma transformação.

O *primeiro passo* é reconhecer a raiva e encará-la. Nada de tentar avaliá-la. Ela emerge, *Observar a raiva e falar com ela.* queiramos ou não. É preciso humildade para admitir que estamos enraivecidos.

O *segundo passo* é começar uma conversa com a raiva e, nessa conversa, distinguir conscientemente as circunstâncias externas da nossa reação pessoal. Podemos então perguntar: "Por que estou reagindo a essa circunstância ou a essa pessoa irritante?" "Por que aceitei o problema?" E mais: "O que realmente me incomoda no outro?" "É sua chegada tardia?" "É o meu sentimento de não ser levado a sério? Ou estou irritado hoje porque algo deu errado? É por isso que o atraso é particularmente irritante?" "Se estou bem, posso relaxar. Então a raiva é um sinal de que eu deveria observar mais de perto o meu humor?" Como estou agora? Estou feliz comigo mesmo?" Uma conversa franca com a raiva indica que já estou distante da emoção. Alguns também encetam essa conversa interior cheios de raiva. Isso é diferente, não é uma conversa com o problema, conforme sugiro. Pelo contrário, aí é a raiva que conduz a conversa e eles é que entram no problema. Querem dar um soco em alguém que lhes irritou. Em tais conversas, a raiva tem poder sobre eles e influencia seu humor, mantendo-os por longo tempo envolvidos na experiência concreta e desconfortável que ocorreu.

O que a raiva diz sobre mim?

O *terceiro passo*: Perguntar o que a raiva nos revela sobre nós próprios. Hermann Hesse disse certa vez: "Aquilo que não está em nós não nos perturba". Alguém me faz lembrar aquilo que não posso aceitar em mim? Se me irrito, por exemplo, com alguém que quer ser sempre o centro das atenções, pergunto-me se não tenho a mesma tendência. Talvez eu esteja reprimindo essa tendência e me comportando como se não a tivesse. "Sou modesto e reservado", mas por trás dessa modéstia talvez se oculte um profundo desejo de ser mais notado. A raiva é uma importante fonte de autoconhecimento. Eu tomo o ser humano que me irrita como um espelho em que vejo a minha própria verdade.

Quais são as reações apropriadas?

O *quarto passo* é como desenvolver uma reação apropriada para a raiva em mim mesmo. Ela é uma força, um impulso para mudar algo. Podemos viver esse impulso de maneiras diferentes. Se fico com raiva porque há algo errado na minha empresa, posso usar a energia desse sentimento para estabelecer mudanças. Por exemplo, chamo os colegas e discutimos o que está falho, ou seja, aquilo que me irrita, e pensamos em como melhorar a situação, como podemos fazer arranjos para corrigir os erros.

Quando fico bravo com um companheiro, há duas opções: (1) Lido com seu comportamento, falando com ele sobre o que me incomoda. Assim, dou-lhe a oportunidade de se explicar. Às vezes uma conversa esclarece o problema, porque passo a conhecer o motivo do seu comportamento. Ou, então, (2) minha raiva se torna um desafio para ele, algo para ele trabalhar em si mesmo e mudar seu comportamento. Mas quando percebo que uma pessoa não pode ou não quer mudar, a raiva é um desafio para mim, no sentido de afastar a pessoa em questão. A raiva mostra que dou poder demais ao outro. Nesse sentido ela se torna um impulso para me distanciar dele, para não lhe dar mais poder. Torna-se um escudo que coloco à minha frente para me proteger e não deixar que o outro influencie o meu espírito, pois sinto que isso não é bom para mim.

E se estamos sempre com raiva? Se já somos predispostos a isso? Não podemos mudar características, mas podemos moldá-las, para que elas não nos dominem. A reação aos próprios impulsos é sempre nova para nós em toda ocasião. No entanto, *Se estamos com raiva, não podemos mudar isso, mas como reagir a ela depende de nós.* dificilmente podemos evitar o impulso espontâneo da raiva, que geralmente é muito rápido. Ela apenas surge. Portanto, não podemos mudar isso, mas como reagimos ao fato está sob nosso poder. Se passarmos uma noite inteira pensando naquele que nos incomodou, estamos lhe dando poder e deixando que nosso humor seja dirigido por ele. Se sentimos raiva, devemos, portanto, tomá-la como um impulso para nos libertar do poder do outro. Às vezes é bom fechar as portas. Se, estando em minha casa, percebo que estou aborrecido com um colega de trabalho, digo a mim mesmo: "Ele não é tão importante para que eu o deixe estragar a minha noite". Fecho-lhe as portas, pois ele não tem nada a fazer em minha casa, nem mesmo em pensamento.

Raiva é agressão. E a agressão, tal como a sexualidade, é uma energia de vital importância para nós. Sem agressão nos tornamos deprimidos. *Como transformar a raiva em agressão saudável.* Portanto, é importante transformar a raiva em uma agressão saudável.

Quando tomo a raiva como um impulso para mudar alguma coisa ou para discutir o comportamento de alguém, ela se transforma em energia para enfrentar algo. A palavra "agressão" vem de *aggredi*: abordar algo, atacar algo, resolver alguma coisa. Se eu "engolir" o problema, ele me paralisa e me rouba energia. Mas se eu lidar com ele corretamente, ele se torna uma importante fonte de energia para mim.

Como podemos diferenciar a agressão negativa da positiva? Como podemos evitar que a agressão se torne violenta? Sempre que suprimimos nossa agressão ela se tornará violenta em algum momento. O primeiro passo é perceber a agressão. Não podemos simplesmente fingir, pois assim ela nos terá nas mãos. A questão é como lidar ativa e conscientemente com ela. Assim, podemos saber como manejá-la, seja para nos proteger de outros, seja como um impulso para mudar alguma coisa. Aí a agressão se transforma em força positiva. Se, por exemplo, você tomar a raiva como um impulso para afastar-se de alguém que o atormenta e mantê-lo a distância, então ela se transforma em liberdade. A raiva me mostra que a outra pessoa invadiu minha área ou que eu a deixei cruzar uma fronteira. A raiva é, portanto, um impulso para estabelecer um limite, e os limites que estabelecemos nos dão a sensação de liberdade. Dentro dos limites que estabelecemos podemos viver livremente.

Não tente suprimir, não lute; apenas transforme.

Quando se lida com a raiva, o lema é: não lute, mas transforme. Se eu lutar contra a minha raiva ela permanecerá em mim o tempo todo. Se eu a oprimir ou negar, ela se expressará em minha alma ou em meu corpo de uma ou outra forma. Às vezes, a raiva reprimida leva a reações físicas, como dor de estômago ou de cabeça. A questão é transformar raiva em energia e liberdade, tornando-a, assim, um convite para entrarmos em contato com o espaço dentro de nós no qual nem pessoas nem coisas que nos incomodam têm acesso, no qual sentimos nossa liberdade e uma fonte de poder que nos protege da raiva contra os outros.

O Evangelho de Marcos nos fala sobre a ira dos discípulos por causa de Tiago e João. Ambos pediram a Jesus para deixá-los sentar, em sua glória, um à sua direita e o outro à sua esquerda. "Os outros dez, que ouviram isso, se aborreceram com eles. Jesus, porém, os chamou e disse: 'Sabeis que os que parecem governar as nações as oprimem e os grandes as tiranizam. Entre vós, porém, não deve ser assim. Ao contrário, quem de vós quiser ser grande, seja o servidor'" (Mc 10,41-43). Jesus usa a ira dos discípulos para ensinar-lhes claramente o que é ser grande e pequeno para Ele; que entendimento Ele tem do poder. Jesus não culpa os discípulos por sua ira. Ele a considera, mas não a reforça, transforma-a, esclarecendo que padrões se aplicam a ela no relacionamento de seus discípulos.

Ritual

Roberto Assagioli, psiquiatra italiano e fundador da psicossíntese, desenvolveu a prática da desidentificação. Eu gostaria de sugerir esse exercício como um ritual: Sente-se e ouça a si mesmo. Deixe a raiva subir em você, a raiva que você sentiu nos últimos dias. Observe-a erguendo-se em seu coração. Então diga a si mesmo: Há problemas em mim, mas eu não sou meu problema. O elemento interno em mim que pode observar a raiva não está infectado por ela. Ele está sem problemas. Assagioli chama esse elemento interior de *eu espiritual*. É o seu centro interior, o seu verdadeiro eu, o seu núcleo no fundo da sua alma. De lá você pode assistir ao problema, mas ele não tem poder sobre você. Você continua se afastando da raiva e indo para o "observador não observado", para o seu verdadeiro eu. Lá você está em paz. Lá você pode olhar calmamente para a sua raiva, podendo pensar livremente sobre como reagir a ela e como transformá-la em poder e clareza.

4
Sinta o anseio por trás de sua GANÂNCIA

Dois entendimentos diferentes – a dupla face da ganância.

"O mundo é grande o suficiente para as necessidades de todos, mas não para a ganância de todos", disse Mahatma Gandhi. "A ganância destrói o nosso mundo" é uma frase constantemente repetida. Assim, os ambientalistas fazem campanha por proteção ambiental, críticos do capitalismo por crescimento moderado ou por renúncia ao crescimento constante, exigindo um estilo de vida diferente, a renúncia à ganância. Outros acham que é um mero *slogan* e se opõem, afirmando que uma certa quantidade de "ganância", o poder do desejo, é indispensável para nossa felicidade, para o progresso, para a vida humana. Onde teríamos chegado sem esse poder de ganância? É realmente ingênuo confiar apenas na modéstia e simplicidade? Não se deseja também libertar forças? Certamente, a proteção ambiental é importante, mas como devemos desenvolver nossa produção e tecnologia e moldar nosso crescimento econômico para que todos possam sobreviver?

Determinado técnico de futebol, por exemplo, afirmou em entrevista que os bons jogadores também devem ser gananciosos; isto é, precisam do impulso absoluto de avançar e da vontade incondicional de ter sucesso. Caso contrário, não ganham. A saciedade nos torna preguiçosos. Ganância também significa uma força poderosa, uma inquietação interior, um impulso.

E nós alemães, por ganância positiva, não alcançamos nosso desenvolvimento econômico e progresso técnico? Essa ganância por mais e sempre mais veio especialmente depois da guerra perdida e da fase de emergência subsequente. Ela contribuiu para a recuperação econômica.

Mas há também o outro lado: essa ganância também levou a um *frenesi* de consumo, o que não é bom.

A ganância, portanto, tem uma dupla face. Por um lado, tem um aspecto positivo, que é bem-sucedido e, muitas vezes, necessário para que alguém realmente consiga algo, empenhando todas as suas forças. Mas ela também traz a conotação negativa do descontrolado e ímpio. Então é preciso decidir se queremos ser guiados pela ganância positiva ou pela negativa. Esta prevalece sobre nós e nos torna dependentes; já a ganância positiva é um incentivo para melhorar nossa vida.

A ganância submete você a outros, mas ela não se encontra apenas nos outros nem pode ser *Insatisfação: um forte impulso.* atribuída unicamente a um sistema como o capitalismo. Você só precisa se observar. A comida é gostosa, mas você já está satisfeito e continua comendo. Ao passar pelas vitrines sente o desejo de comprar isso ou aquilo, embora tenha consciência de que não precisa daquele produto. Fica ansioso para verificar constantemente as últimas notícias no seu smartphone, verificar os e-mails recebidos ou ver se os amigos deixaram alguma mensagem no Facebook ou pelo WhatsApp. Isso também é ganância; um impulso que deixa-o inquieto e não permite sua concentração no trabalho. Esse *frenesi* nos leva a não perceber mais nossos semelhantes. Ou quando se fala sobre aspirações profissionais sempre há alguém ansioso querendo a tecnologia mais atual. No quesito profissional isso também não é incomum, almejando-se posições cada vez mais altas. Se alguém nunca está satisfeito com o que alcançou mostra que nele há grande atração pela ganância.

Não necessidade como um contraconceito? Contraconceito para a ganância não é só satisfação, mas também ausência de necessidade, desapego, simplicidade. O ideal da pobreza voluntária é um contraconceito deliberado da ganância. Os monges fazem esse voto. Alguns podem se perguntar: Mas isso não é estranho?

É claro que nós monges também temos necessidades, sendo que a ganância também não é estranha para nós. Não temos propriedade privada, tudo pertence ao mosteiro. Mas há também uma intenção comum de que o mosteiro seja o mais econômico possível. Quando falo de cobiça como monge não quero entrar num dualismo do tipo: ali o mundo perverso e ganancioso e aqui o mundo ascético do mosteiro, livre de toda a ganância do mal. Nós monges temos a mesma tarefa de todas as outras pessoas do mundo no sentido de reconhecer nossa ganância e lidar com ela apropriadamente.

Como provocação, cito as palavras de Jesus: "Vai, vende tudo o que tens, dá o dinheiro aos pobres [...] e segue-me" (Mc 10,21).

Ganância e avareza têm uma cara feia. Antes de tudo, é verdade que a ganância é uma emoção generalizada, e isso não é de hoje. A Bíblia faz referência a ela, e para os budistas, é a raiz de todo mal. São Paulo diz: "A raiz de todos os males é a cobiça do dinheiro. Por causa dela muitos se extraviaram da fé e se atormentam com muitos sofrimentos" (1Tm 6,10). O autor da carta supõe, assim, que a pessoa gananciosa está atormentada. Não é bom para nós sermos dominados pela ganância. Os gregos também viram isso, falando de *pleonexia*, ou seja, sempre querer mais. Isso não se aplica apenas ao dinheiro, mas também à fama, ao reconhecimento e, atualmente, ao vício de ter cada vez mais informações e estar constantemente on-line. A ganância, dizem os gregos, destrói a coexistência na comunidade e prejudica o indivíduo porque lhe rouba a harmonia interior. Ela pode se expressar em desperdício ou em avareza, e Platão chega a dizer que é mais fácil sanar o desperdício do que a avareza. O avarento não se cuida, dirige sua agressão contra si mesmo.

Em latim, a palavra empregada para ganância e avareza é *avaritia*. Vem de "ave", que significa ventar ou soprar. Ganância significa, portanto, "bufar" por alguma coisa. O ganancioso ou avarento sempre "bufa" por algo, nunca fica satisfeito. Sua respiração é pesada, seu rosto expressa avidez e sua face fica desfigurada. Assim, o ganancioso está sempre tenso e contraído.

A palavra alemã *Gier* (ganância) vem de *gerne* (com prazer). Por isso, geralmente expressa exigência ou desejo. Corresponde à palavra latina *desiderium*, que tanto pode significar anseio quanto desejo. A palavra latina e a alemã nos mostram que a ganância não é necessariamente ruim, sendo um importante impulsionador da vida. Ela também está ligada a *Neugier* (curiosidade).

A ganância pode ser uma fonte de energia. Portanto, não se trata de erradicá-la, mas de transformá-la. A questão é como a ganância destrutiva pode ser transformada em ganância libertadora, como pode ser transformada em alegria pela vida.

Quando falamos da dupla face da ganância, *Não podemos tirar a ganância de nós, mas podemos transformá-la em algo bom.* a do bem e a do mal, quais são os critérios de diferenciação? Pode-se preservar a ganância positiva e transformar a ganância negativa em positiva? E como se pode evitar a queda na negativa?

O *primeiro passo* para transformar a ganância é admitirmos que a temos. Muitos não estão dispostos a admitir isso para si mesmos, achando que precisam ganhar mais e mais dinheiro para garantir o futuro de sua família ou que devem estar permanentemente informados para poderem opinar em seu trabalho.

Mas só quando admitimos a ganância é que podemos entrar no *segundo passo*: dialogar com ela. "Qual é o desejo mais profundo que está por trás de minha ganância?" "Não é o anseio pela vida, o desejo de compensar toda a minha falta de experiência?" A ganância nos inquieta. Só quando descobrimos o desejo que está por trás dela é que encontramos paz. Isso acalma o coração humano, sem que ele fique rígido e imóvel.

Uma *terceira forma* de descobrir o anseio escondido na ganância é pensar: "Se eu tiver mais dinheiro, se ficar mais famoso, se tiver mais informações, meu anseio será realmente satisfeito?" "Como estarei?" "E se eu sentir que nem o dinheiro nem a fama e nem a informação correspondem ao meu anseio real?" Ao admitir a ganância e pensar nisso posso descobrir meu verdadeiro anseio.

O meu anseio é o céu?
Então, num *quarto passo*, posso considerar: "O que realmente pode satisfazer meu anseio?" O desejo pode ser o de satisfazer somente a Deus. Mas o anseio me mantém vivo, estimula-me a buscar criativamente as possibilidades e realizá-las em minha vida cotidiana. Por exemplo, se anseio por segurança, posso tentar dedicar mais tempo à família, o que me dá conforto. Ou se eu, como monge, quiser seguir um caminho intensamente espiritual, não devo procurar satisfazer todos os meus desejos. Mas, em vez disso, devo agradecer a comida e imaginar que o próprio Deus me dá a boa comida. Então provo algo da "doçura"

de Deus, como diziam as mulheres da Idade Média. Portanto, nem sempre eu preciso comer mais. A palavra latina para desejo – *desiderium* – vem de *sidera* (estrelas). É como trazer as estrelas para a terra. Em outras palavras, as estrelas no céu devem brilhar na minha alma. O objetivo do meu anseio está só em mim; em mim está o céu pelo qual anseio.

Se eu sou extremamente ganancioso não posso comer do prato que foi preparado nem aproveitar aquilo que comprei. Os psicólogos descobriram que pessoas gananciosas não vivenciam a si mesmas, que pessoas ávidas por comida não sentem seus corpos, não podem provar nem desfrutar. Assim, um importante caminho de transformação é o sentimento do nosso corpo, o despertar dos nossos sentidos: do paladar, do tato, da visão, da audição e do olfato. Em um museu, por exemplo, se observarmos atentamente um quadro, ficaremos calmos. Mas se corremos nosso olhar rapidamente por eles nos tornaremos inquietos e confusos.

Em que atitudes ou em qual energia positiva a ganância pode ser transformada? Existem possibilidades criativas para isso. Citarei duas: uma delas é a *ambição*. Existe uma forma boa de ambição, que visa progredir interna e externamente. Se sou ambicioso ao preparar uma homilia para a missa, isso pode me oprimir, mas também pode me levar a um trabalho cuidadoso. Se eu deixar a ambição tornar-se permeável ao Espírito de Deus, então minha ambição se tornará uma bênção para os outros.

Atitudes que abençoam.

Outra maneira é transformar a ganância em *gratidão*. Paro de me comparar com os outros, sou grato pelo que sou e pelo que tenho. O Evangelista Lucas nos conta a bela história de Zaqueu, uma pessoa muito rica (Lc 19,1-10). Ele era ganancioso para ganhar mais e mais. É dito que tinha baixa estatura. Poderíamos supor que ele compensou seu sentimento de inferioridade tornando-se cada vez mais rico. Mas em nossa vida não podemos associar escassez interna ao ganho desmedido de dinheiro; seria um poço sem fundo.

Zaqueu era o chefe dos publicanos. Ele diminuía as pessoas para se sentir grande, mas não teve sucesso com essa estratégia. Pelo contrário, em vez de ser reconhecido, era tido como pecador – pecador significa separado. Mas desejava sair daquela situação. Também desejava ver Jesus, de quem ouviu falar tão bem. Para isso subiu numa amoreira, escondendo-se em sua densa folhagem. Mas Jesus olhou para ele. A versão grega diz: Jesus olha para o céu. Jesus vê o céu nesse pecador. Ele reconhece seu anseio pelo céu. O mestre pede para que ele desça porque quer ser seu convidado. Esse olhar de amor que o aceita e não o condena como os fariseus transforma completamente Zaqueu. Sua ganância é convertida em solidariedade. Agora Zaqueu quer dar metade de sua fortuna aos pobres e convida seus amigos para uma refeição. Sua cobiça, que o tornou solitário, é transformada em compaixão pelos outros, que, assim como ele, ficaram obcecados pela ganância.

Um convite ao relax. Como sempre, não se trata de uma luta. Se lutamos contra a ganância ela desperta novas forças negativas em nós. Quando a reconhecemos e lidamos com ela, pode se tornar um impulso para sermos mais atentos e solícitos no trato com os outros, gratos pelas dádivas de Deus. Ela igualmente nos convida a relaxar. Em outras palavras: sentimos como a ganância quer nos manter sob controle, e perceber isso é sempre um convite a abandonarmos nossa avidez e aceitarmos com gratidão o que Deus nos dá dia após dia.

Ritual

Um modo de transformar a ganância é a arte do prazer. Se eu realmente gosto de algo, então não estou viciado, mas cheio de prazer. Você pode mastigar vagarosamente um pedaço de pão e aproveitá-lo. Ou um pedaço de chocolate que deixa derreter lentamente na boca, sentindo conscientemente seu sabor. Se você se der tempo para desfrutar, então não colocará mais um pedaço de chocolate na boca, mas apreciará o sabor do primeiro por mais tempo. Mas nem sempre você precisa de chocolate; fique ao ar livre numa manhã de verão e aproveite o ar fresco que o rodeia. Sinta o cheiro da manhã que sobe dos prados. Seja inteiro em seus sentidos: em sua pele, que se deixa soprar pelo vento; em seus olhos, que veem a beleza da manhã; em seus ouvidos, que ouvem o sussurro suave do vento ou o silêncio impressionante que o rodeia; em seu nariz, que sente o cheiro especial de manhã. Nessa experiência com todos os sentidos você está completamente em si mesmo e livre da ganância.

5
Abrace seu MEDO e descubra sua finalidade

Ninguém é destemido – a dupla face do medo.

O medo faz parte da nossa vida. Ninguém gosta de admitir, mas não há pessoa completamente destemida; o medo é essencialmente humano, podendo ser um sistema de alarme que nos alerta contra perigos e mobiliza forças em nós para nos proteger. Sendo inato no animal, ele o alerta para que fuja e o fortalece para o ataque. Se nós humanos não tivéssemos medo não teríamos medida, atreveríamos a fazer coisas que não nos fariam bem.

Mas há também aquele medo que paralisa, que nos domina e nos retrai cada vez mais. Nas empresas é o medo da falência, mas também o medo de superiores imprevisíveis ou de decisões sobre as quais não temos influência. Nessa gama de medos há aqueles específicos, as fobias; por exemplo, medo de viajar de trem. A claustrofobia, medo de espaços fechados, fobia a aranhas, a bactérias. E há os ataques de pânico que de repente nos acometem. A ansiedade do pânico surge quando já não sabemos como reagir, ficando irremediavelmente expostos a ele. Qualquer pessoa que tenha experimentado ansiedade de pânico muitas vezes sente-se paralisada pelo medo do medo; fica temerosa que o pânico possa atacar novamente.

Assim que o medo aumenta ela entra em pânico, temendo que fique exposta e indefesa.

Temos medo de não conseguir administrar nossa vida, de falhar no trabalho, receio de que o nosso relacionamento fracasse, de que nossos pais morram e fiquemos sós. Temos medo de ficar doentes. À noite ele nos ataca nos sonhos.

Há medos que são associados à história da vida. Se a mãe está ansiosa, isso afeta a criança. O medo do porão escuro, que algumas crianças têm, pode indicar que a pessoa não quer aceitar algo obscuro nela. Ou a ansiedade aumenta em determinadas situações porque, por exemplo, quando criança, a pessoa sofreu um acidente de trânsito.

Muitas vezes ele parece infundado, mas sempre tem um significado. Se não tivéssemos medo, estaríamos vulneráveis. Hoje as pessoas querem se livrar do medo porque é considerado negativo, algo que não deve existir. Mas o medo do próprio medo pode se tornar monstruoso. Queremos estar livres de tal medo.

Mesmo que seja desagradável, sob nenhuma circunstância devemos suprimir o medo. Quanto mais lutarmos por sua extinção, mais ele nos perseguirá. *Não suprima o medo; fale com ele.* Isso pode ser constatado tanto em termos psicológicos quanto espirituais. Se uso métodos psicológicos para combater a ansiedade, isso pode aumentá-la; se eu orar para bani-lo, ele se fortalecerá. Muitos devotos pedem a Deus para tirar seu medo, mas com isso estão usando Deus como um feiticeiro para torná-los imunes. Isso não funciona.

O caminho espiritual para transformar o medo é conversar com ele. Primeiramente devo me perguntar: "Do que eu realmente tenho medo?" "Qual *O medo pode se tornar um professor.*

é o meu medo concreto?" É o medo de falhar ou cometer um erro? O medo de não fazer alguma coisa? O medo da doença ou da morte? O medo do futuro, o medo de desastres imprevisíveis?" Somente quando reconheço a natureza específica do meu medo posso saber seu significado: "O que o medo tem a me dizer? O que me assusta? Por que estou com medo? Ele me leva a pressupostos errados para minha vida, a padrões exagerados aos quais me submeto, ou a uma autoimagem que não corresponde à minha realidade e me subjuga?" Esse sentimento pode se tornar um professor. Ele me convida a encontrar padrões mais saudáveis para a minha vida. Em vez da suposição básica, "não posso cometer um erro, senão não valho nada, senão serei rejeitado", o medo me convida a apostar em atitudes mais realistas, como: "Posso cometer erros e, ainda assim, sou valioso. Minha apreciação por parte das pessoas não depende de meus erros nem do meu constrangimento. O medo me encoraja a ser mais compassivo comigo mesmo, não me sobrecarregando constantemente com expectativas exageradas de mim mesmo".

Seria irrealista acreditar que podemos eliminar os medos radicalmente e para sempre. Nunca poderemos nos livrar completamente dele, mas sim nos libertar de medos incapacitantes ou ataques de pânico, e muitos são vítimas deles.

Há uma categoria de medo que nos deixa tontos. Então queremos suprimi-lo pela força, mas isso torna-o ainda mais forte. Se, por outro lado, sentirmos imediatamente o nosso medo, deixá-lo entrar e falar conosco, ele irá embora. O medo nos convida a nos sentir. Muitas vezes ele mostra que estamos muito focados nos outros e pensamos que eles estão constantemente nos observando. A percepção atenta nos leva de volta a nós mesmos.

Indistintamente temos medo, e isso nos acomete não somente em situações extremas. Mesmo as pessoas jovens e saudáveis podem conhecer o medo de adoecer de câncer, por exemplo, ou ficarem paraplégicos devido a um acidente. Se percebermos nosso medo de ficar doente, isso é um convite para nos sentirmos sob a bênção de Deus. Nesse caso o sentimento de medo é justificado, pois nos mostra a fragilidade da nossa existência. Não podemos garantir nossa saúde; podemos ficar doentes. Admitindo os perigos que podem ser causados por doença, aceitamos nossa fragilidade e, ao mesmo tempo, confiamos em Deus. Pedimos a Ele que nos mantenha longe da doença, mas também a segurança de sempre estarmos acompanhados de seu amor, mesmo na doença. Assim, o medo se transforma na confiança de estarmos sempre nas boas mãos de Deus, nos maus e bons momentos, na saúde e na doença. Isso relativiza o medo da doença.

Colocando a fragilidade da existência sob a bênção de Deus.

O medo é inerente à existência humana. Em sua famosa obra *Sein und Zeit* (*Ser e tempo*), 1927, Martin Heidegger descreveu o medo como a condição básica do ser humano. Esse sentimento nos mostra que "não estamos em casa" no mundo; "a condição de ter medo é a própria situação de estar no mundo". Esse filósofo nos diz que o medo nos obriga a descobrir a nossa "autenticidade", para saber quem realmente somos como seres humanos; mostra a essência da existência humana. Para a teologia, que leva a sério as análises filosóficas de Martin Heidegger, o medo se torna um convite para finalmente encontrarmos nossa vida em Deus. Coloca-nos ante a questão de como realmente nos definimos. Se o fazemos a partir das pessoas e de suas expectativas e opiniões ou a partir de Deus? De modo salutar, o medo pode nos direcionar para Deus; por isso esse sentimento não é o oposto da fé. Pelo contrário, ele nos leva continuamente a Deus se buscamos a razão nele, e não na segurança externa ou no reconhecimento dos outros.

O medo da morte. Todos nós, não só os idosos, enfrentamos o medo da morte. Isso é inerente ao ser humano. A psicoterapia existencial, desenvolvida por Irwin D. Yalom, acusa a psicanálise clássica de Sigmund Freud de ter ignorado completamente o fenômeno do medo da morte. Mas o sucesso da vida – diz Yalom – depende de enfrentarmos o medo da morte e integrá-lo em nossa existência. Uma boa parte das doenças mentais são, em última análise, uma tentativa de evitar o medo da morte, e a cura só tem sucesso quando enfrentamos esse medo específico. Também nesse caso é importante conversar com esse medo: "Do que exatamente tenho medo? É o medo de deixar minha vida e a mim mesmo, perdendo muitas coisas que seriam boas? É o medo de deixar outras pessoas?" – A mãe tem medo de morrer porque seus filhos ainda precisam dela. Ela quer continuar os acompanhando. Ou é o medo da perda de controle? Ou o medo do desconhecido, que nos espera na morte? Medo de condenação, medo de Deus e medo de depararmos com a nossa verdade? Só a conversa com o nosso medo pode transformá-lo. O medo de deixar as crianças sozinhas deve ser transformado na confiança de que elas estão nas mãos de Deus. O medo de perder o controle quer nos levar à confiança de que tudo que pode surgir pode ser aceito e transformado por Deus. Não precisamos ter medo de nada, porque Deus sabe tudo.

Pode-se simplesmente ter o vago e típico medo de morrer. A título de exemplo cito o caso de uma mulher que simplesmente deixou de sair de casa. Ao questioná-la sobre sua motivação para isso, ela me respondeu que poderia cair morta. – Não mencionei o medo, pois assim eu passaria a imagem de que não a estaria levando a sério. Disse-lhe: "Sim, pode ser que você caia morta. Mas agora, no momento em que fala comigo, você ainda está viva. Esteja ciente deste momento como se fosse o último. E quando você sai pela porta, ainda está viva. Sinta o vento e o sol. Perceba as pessoas que você conhece. Assim, irá viver intensamente. O medo da morte convida-a a viver o momento e a perceber intensamente o que está vivenciando no agora". A morte nos convida a aproveitar com gratidão o nosso tempo de vida, aprofundando conscientemente nosso relacionamento com as pessoas.

O *primeiro passo* de transformação é a conversa com o medo. Nessa conversa nos familiarizamos com ele, passando a abordá-lo de uma maneira mais intelectual, o que já nos dá uma certa distância de seu efeito. *É assim que a transformação do medo tem sucesso.*

O *segundo passo* é imaginar o que nos causa medo, imaginando, por exemplo, que podemos cometer um erro, desmaiar, que ficar doentes. Isso seria tão ruim? Assim imaginando, neutralizamos o medo.

E o *terceiro passo*: entendemos o medo como um amigo que nos dá uma atitude diferente em relação à vida. Isso pode ser a supressão do perfeccionismo ou ganharmos a confiança de que, mesmo na doença e na morte não podemos cair da boa mão de Deus. Ou ainda vontade de termos Deus como referência, em vez do reconhecimento alheio.

Jesus diz muitas vezes na Bíblia: "Não tenha medo!" No entanto, também a Bíblia narra que Ele *A terapia do medo de Jesus.* mesmo temeu a morte violenta na cruz, demonstrando esse sentimento no Jardim do Getsêmani. Um anjo o fortaleceu. Mas Ele nos mostra formas de terapia do medo? O que nos disse sobre a superação de nosso medo? Mencionamos uma terapia ensinada por Jesus, no Evangelho de Mateus, a respeito de dois tipos muito concretos de medo.

Nesse discurso Jesus quer tirar de seus discípulos o medo, que poderia impedi-los em sua aparição pública: "Não tenhais medo deles; porque não há nada encoberto que não venha a ser revelado, nem escondido que não venha a ser conhecido. Dizei à luz do dia o que vos digo na escuridão, e proclamai de cima dos telhados o que vos digo ao pé do ouvido. Não tenhais medo dos que matam o corpo mas não podem matar a alma. Deveis ter medo daquele que pode fazer perder-se a alma e o corpo no inferno [...]" (Mt 10,26-28).

Dois tipos de medo são mencionados nesta passagem e, ao mesmo tempo, maneiras pelas quais ele pode ser transformado. O primeiro deles é o nosso medo do desconhecido. Muitas pessoas que se apresentam em público ficam com medo de que seus espectadores ou ouvintes possam descobrir suas fraquezas. Temem que os outros vejam através de sua aparência e descubram suas fraquezas escondidas, fantasias e falhas ocultas. Com esse medo, essas pessoas pensam: "Se os outros soubessem que pensamentos negativos eu tenho, que medos eu tenho, ou que mal eu causei a outros, todos me rejeitariam". Como terapia para esse medo, Jesus declara: Deus sabe tudo, nada está oculto de Deus. Portanto, entrega tudo o que é oculto a Deus, ao amor dele, e não terás mais medo.

Você não precisa mostrar o oculto a todas as pessoas, mas se o fizer a Deus, perderá o medo de estar escondido em si mesmo, de que os outros descubram algo oculto em você, porque nada está dele. Saiba que nada há em você que não seja aceito por Deus, que não seja permeado por seu amor.

O segundo medo é o de ser ferido. Qualquer um que apareça publicamente pode ser criticado. Hoje as pessoas estão viciadas em criticar aquelas que se apresentam em público, espionando seus erros e revelando-os coletivamente. O medo impede que muitos se mostrem em público, e como forma de transformá-lo, Jesus aconselha: "Os outros podem matar o seu corpo, ferir sua psique, suas emoções ou machucá-lo fisicamente. Mas não podem ferir o reino interior – o reino da alma. Existe em você, no fundo de sua alma, um espaço de silêncio. Nele, as palavras ofensivas dos outros não podem, nem mesmo a violência física pode pôr em perigo esse espaço. Lá você é inteiro; lá está protegido. A experiência desse espaço interior, o espaço sagrado que é pleno e saudável, transforma o medo. Emocionalmente, o medo ainda existe, mas quando passamos da ansiedade emocional para o fundo da alma, ele se torna relativo, perde seu caráter angustiante.

Vemos que Jesus não tira o medo ou o suprime, mas o verbaliza. Ao mesmo tempo, mostra maneiras pelas quais esse medo pode se abrir a uma realidade mais profunda. Com esta sabedoria *O medo pode nos abrir para uma realidade mais profunda.* de Jesus podemos aprender como lidar com esse sentimento. Não se trata de estar completamente livre dele, mas de abordá-lo de tal forma, que ele nos ponha em contato com o espaço interior do silêncio e nos leve cada vez mais ao encontro de Deus. Nesse espaço podemos aceitarmos nosso medo e nos sentirmos seguros. Essa experiência de sermos aceitos com nosso medo, quando o experimentamos, liberta-nos instantaneamente desse sentimento.

A título de exemplo, cito um caso concreto do medo do público e de se constranger. Uma cantora me disse que tinha medo do palco antes de cada apresentação. Ela não diminuiu esse seu medo do palco com drogas psicotrópicas, mas trabalhando-o conscientemente. Para ela, sua prática rotineira de cantar não lhe garantia bom desempenho. Ela mudou de foco, assumindo que todo canto bem-sucedido fosse um presente. Assim, ela se tornou permeável ao mistério da música. Alguém disse a ela: "Você não cantou; o canto é que saiu de você". O medo libertou aquela cantora do seu ego, ou pelo menos liberou seu ego para algo maior. Este é um exemplo de transformação crucial do medo, do medo que destrói o ego –

que, por sua vez, quer dominar e controlar tudo –, tornando-nos permeáveis a algo maior. Isso pode acontecer no cantar, no pregar, no palestrar ou fazer outras coisas diante de outras pessoas. Então sentiremos que o medo tem um significado, que não devemos lutar contra ele, mas nos permitir utilizá-lo para algo mais nobre. Assim, o medo pode ter um efeito positivo se o tratarmos bem, se perguntarmos a ele sobre seu significado e se fizermos dele um amigo que quer chamar nossa atenção para algo essencial. Em outras palavras, ele quer nos mostrar que somos humanos, e não Deus, e que no final encontraremos uma definição em Deus, e não em nós mesmos ou em nossa própria força. Portanto, o medo pode nos abrir a uma realidade mais profunda.

Ritual

Este é um ritual para lidar com o medo do oculto. Pergunte a si mesmo: O que eu quero esconder de mim mesmo, de Deus e das pessoas? O que é desconfortável em mim? O que não pode ser conhecido externamente? Então imagine como o amor de Deus invade tudo o que está oculto. Você não precisa esconder nada dele, pois é conhecido por Ele. E o amor de Deus cuida exatamente do que você não gosta de olhar em si mesmo. Então, passe a olhar para o desagradável com novos olhos. Imagine que tudo em você está impregnado do amor de Deus. Aí o medo do caos interior, do vulcão interno, da ameaça perde seu sentido. Tudo em você pode existir, porque todo o seu ser está cheio da luz de Deus.

6
O tesouro na DEPRESSÃO

Hoje as pessoas são muito rápidas para diag- *Uma nova doença*
nosticar; imediatamente alguém é considerado *generalizada?*
doente. Quando uma mulher sofre durante meses após a morte de
seu amado marido, e está apenas triste, já a consideram deprimida. Se alguém quer mudar de emprego porque não aguenta mais
a pressão e está constantemente insatisfeito com as condições de
trabalho, precisa verificar se está deprimido. Certa mulher que lê
livros espirituais foi "diagnosticada" por sua suposta amiga com
"depressão latente". Fadiga e qualquer tipo de reação psíquica rapidamente passam a ser considerados "depressão".

Por outro lado há pessoas que passam dias prostradas na
cama; elas não sentem nada e estão sem energia. Obviamente elas
precisam de ajuda terapêutica. Ou alguém que, sentindo grande fardo de culpa e afundando-se num poço tem um desespero tão grande
que desiste de viver e pensa em suicídio. Parentes, amigos ou com-
panheiros sentem-se oprimidos e têm a sensação de que o doente os
suga. Como se comportar e como definir limites? É possível ajudar?
Como identificar a diferença entre os estados depressivos de tristeza e a depressão real? Podemos, de um ou de outro modo, ajudar
alguém a se libertar da depressão?

Ela aumenta cada vez mais, está se popularizando. Porém é duvidoso abordá-la como algo totalmente ruim. A questão não é apenas como lidar com a depressão, mas também o que ela tem a nos dizer. Ela pode ser transformada? De qualquer modo, primeiramente precisamos defini-la.

Distinções e esclarecimentos. A depressão pode ser uma doença que necessita de tratamento clínico-terapêutico, mas há também estados de depressão ou depressões temporárias que todos vivenciam. Fala-se em depressão reativa, uma depressão-resposta a uma experiência dolorosa, perda de entes queridos ou de emprego. Antigamente fazia-se uma distinção entre depressão "endógena" e "exógena". A primeira delas, por assim dizer, vinha de dentro, da psique humana, considerada inata. A outra vinha de fora. Hoje as pessoas preferem falar de depressão leve, moderada e grave. Em psicologia, distingue-se entre depressão "unipolar" e "bipolar". A depressão "bipolar" refere-se a um transtorno maníaco-depressivo no qual as pessoas passam constantemente da atividade extrema e excessos à reação depressiva. O transtorno bipolar deve ser tratado com medicação. Na depressão unipolar, a psicologia distingue uma "depressão inibida", na qual nos sentimos paralisados internamente e não conseguimos fazer nada, e uma "depressão agitada", que se manifesta em grande agitação e ativismo vazio. Pessoas que sofrem de "depressão agitada" muitas vezes não a percebem. Já a "depressão larval" muitas vezes está por trás de sintomas físicos, como dor de cabeça, desconforto estomacal, perda de apetite e tontura. A depressão tem muitas nuanças. Uma parte delas requer tratamento terapêutico medicamentoso e/ou clínico. Já outros tipos de depressão querem nos dizer algo importante sobre nós e nossa verdade interior. Essa categoria de depressão sempre faz sentido e sempre pode ser transformada. No entanto, transformação não significa necessariamente a cura.

Como podemos saber se alguém está apenas triste ou se já está com a depressão-doença? Se você se sente desmotivado por um longo tempo, se não sente mais seu próprio ser, se está, por assim dizer, à margem de si mesmo, isso é sinal de depressão. O triste sente sua tristeza. Já o depressivo está entorpecido; está simplesmente vazio, sente-se afundado num buraco escuro, está separado da vida. Como lidar com isso?

C.G. Jung disse certa vez que a depressão é uma dama sombria que bate à nossa porta. Se ela bater, devemos deixá-la entrar, porque ela tem algo importante a nos dizer. Independentemente de a depressão ser uma doença ou apenas uma experiência temporária, em qualquer caso, não devemos tentar combatê-la e suplantá-la, pois assim ela só ficará mais forte. Somente quando a aceitarmos a situação pode mudar, perguntando-lhe o que ela quer nos dizer e qual é a sua mensagem para nós.

O significado e a mensagem da depressão.

Daniel Hell, psiquiatra suíço especializado no tratamento da depressão, menciona várias mensagens dela. Ela pode ser um grito de socorro contra a autoimagem assoberbada, uma crítica à própria imagem, que queremos sempre perfeita, sempre bem-sucedida, agradável, confiante de ter tudo sob controle. Todas essas exigências são excessivas e ficaríamos gratos se nossa alma protestasse contra essas autoimagens exageradas. Portanto, a primeira questão para nossa depressão é contra o que ela está protestando ou se rebelando. Podemos crer que nossa depressão tem sentido, que nossa alma escolhe o caminho da depressão para apontar nossa própria verdade e nos reconciliar com nossa realidade.

Muitas vezes ficamos deprimidos porque perdemos nossas raízes. Nesse caso, a depressão pode ser um convite para redescobrirmos nossas raízes (raízes na fé, raízes familiares e ancestrais) em sua vitalidade e força. Rituais seriam uma boa forma de entrarmos em contato com as raízes de nossos ancestrais. Muitas vezes perdemos nossas raízes por causa de deslocamentos em excesso; corremos de um lugar para outro, constantemente mudando de local de trabalho e residência. Portanto, a depressão é também uma advertência para que olhemos nosso próprio ritmo e expressemos adequadamente nossa necessidade de um lar, um lugar onde nos sintamos em casa, onde nossa árvore pode criar raízes.

Outra mensagem da depressão refere-se ao excesso. Queremos muito, trabalhamos demais, temos muito, queremos participar de tudo, queremos estar em todos os lugares, nos sobrecarregar. A depressão é, então, uma advertência para descobrirmos nossa própria medida e nos contentarmos com ela. O excesso também é um indício de que ocultamos o sofrimento e estamos apenas apegados ao sucesso. Numa sociedade que oculta o sofrimento, quem sofre logo se sente deprimido ou mentalmente doente. O sofrimento é essencial para a vida humana. Portanto, a depressão é sempre uma advertência para dizer sim a nós mesmos, como pessoas que também podem ser feridas.

Mas a questão da ajuda no sofrimento permanece. Se alguém está em depressão, como podemos, pelo menos, ajudá-lo a ver sua depressão mais positivamente?

Possíveis modos de transformação. Um recurso é falar com uma pessoa próxima sobre o sintoma. Essa pessoa não poderá curar a depressão, mas poderá ajudar a pessoa deprimida a ter mais clareza acerca dela. Quando falamos sobre a depressão geramos certa distância dela.

Quando estamos deprimidos é importante olharmos para a depressão. A parte de mim que analisa a depressão não é determinada por ela. Esse olhar me liberta de suas garras, mantenho certa distância dela. E essa distância é importante, porque não podemos simplesmente nos livrar da depressão. Temos que aceitá-la, pois apenas o que assumimos pode ser transformado.

Observemos, primeiramente, a transformação da chamada "depressão reativa", ou seja, a depressão com a qual reagimos ao nosso excesso, a uma grande dor, à perda de pessoas queridas, de um emprego ou a um profundo desapontamento. A "depressão reativa" pode mudar para uma visão clara sobre nós mesmos e sobre nossa situação quando entendemos a sua mensagem. É um convite para lamentar o que nos deprime tanto. A depressão geralmente se manifesta em torpor, dissolvendo-se em tristeza e choro. Quando não estamos apenas chorosos em depressão, mas chorando mesmo, sentimos a depressão como uma limpeza interna, livrando-nos de falsas autoimagens. O poeta Christian Morgenstern disse certa vez: "Toda doença tem um significado especial, porque toda doença é uma limpeza. Você só tem que descobrir o que é". Então, quando percebermos do que nossa depressão quer nos limpar, a situação muda. Ela pode querer nos purificar de falsas noções de vida e de nós mesmos, do ofuscamento da nossa vista, que vê tudo negativamente.

É importante observar a frequente conexão entre sentimento de culpa e depressão; ela costuma se manifestar quando alguém se sente culpado por tudo. Uma mulher deprimida sentia-se culpada pela falência que seu marido sofrera nos negócios, embora ela não tivesse nada a ver com o assunto. Como lidar com isso? Primeiro de tudo é importante admitir esses sentimentos de culpa e entregá-los a Deus. Quando deixamos o amor de Deus fluir para nossos sentimentos de culpa eles podem se dissolver.

Sentimento de culpa e depressão.

Outro recurso para transformar a culpa é pronunciar as palavras de 1Jo 3,20: "Se o nosso coração nos acusa, maior do que o nosso coração é Deus que sabe tudo". Se dizemos essas palavras quando temos sentimentos de culpa, eles podem se dissolver.

Toda depressão se caracteriza por apatia e inércia quanto à situação. "Eu realmente não sinto vontade de fazer nada agora. Gostaria apenas de me deitar". Quando reconhecemos isso podemos nos perguntar: "Não há realmente nada digno de ser vivido? Não há realmente nada que possa me alegrar?" Ao permitir tais perguntas em meio à indiferença podemos sentir o desejo de não desistir e voltar à vida. Se o desejo de levantar-se ainda é muito fraco, ajudam-nos as palavras que Jesus disse ao paralítico depressivo, que só reclamava que ninguém o entendia nem cuidava dele: "Levanta-te, toma o teu leito e anda" (Jo 5,8). Jesus não entra no lamento depressivo do doente, mas confronta-o com o poder que, apesar de sua impotência, está nele.

Amargura ou reconciliação. Não obstante os acertos, a medicina muitas vezes tem pressa excessiva em prescrever medicamentos. Obviamente há depressões que não podem ser curadas unicamente pelo diálogo; pessoas acometidas por determinados tipos de depressão necessitam de remédio e, apesar disso, podem sofrer recaídas. Tais pessoas podem ficar desesperadas e sentirem que são um fardo ao ambiente onde vivem. Mas até mesmo esse tipo de depressão pode ser transformado. Não escolhemos ter doenças depressivas, às vezes são hereditárias. No entanto, cabe a nós lidar com elas. Podemos atribuir nossa depressão ao ambiente em que vivemos: "Os outros são culpados por esse meu sentimento tão doloroso". "Ninguém me entende". "Você não tem tempo para mim". "Você me deixa de lado". Assim, nossa depressão se torna amarga e envenena a atmosfera ao nosso redor. Mas também temos a possibilidade de nos reconciliar com ela. Assim, em nossa paralisia depressiva, em nossa experiência da escuridão depressiva, também passamos a enxergar mais profundamente.

A mensagem que passo é que não somos pessoas superficiais; conhecemos as profundezas humanas. A história da arte nos fala de muitos artistas que sofreram de depressão e criaram grandes obras. Foi assim que o teólogo Romano Guardini transformou sua depressão, escrevendo um livro sobre melancolia. Ele sofria com o peso que cobria sua alma, mas também experimentou "que a pressão é liberada, que o fechamento interior se abre e, então, a leveza da existência vem à tona, aquela exaltação que paira sobre todos, aquela transparência das coisas e da existência, aquela clareza de visão" (*Do sentimento de melancolia*, p. 41). Para Romano Guardini, a depressão muda quando se torna uma experiência espiritual. O místico João da Cruz chama essa experiência espiritual de "noite escura da alma". A noite escura não é o mesmo que a depressão. Mas quando aceitamos nossa depressão diante de Deus ela pode se tornar a noite escura que nos purifica de nossas ideias de Deus e de nós mesmos, às vezes nos dando uma visão clara do mistério de Deus e do mistério de nossa condição humana.

O medo que muitos têm de que um doente depressivo possa cometer suicídio muitas vezes nos leva a ignorar nossos limites e pensar que temos de proteger a pessoa dela mesma em todas as circunstâncias. Devemos reconhecer nossos limites. Se o depressivo põe fim à sua vida, é uma decisão dele. Não podemos nos responsabilizar por uma consciência culpada.

Ajudar o depressivo a não se ver como um fardo, mas reconhecer o significado da própria depressão, é abraçar a depressão em favor dos outros. *Da desesperança à esperança.* Se conseguimos ter essa atitude, nossa depressão fará sentido. Não somos um fardo para os outros. Fazemos algo por eles, não nos desesperando com nossa depressão, mas usando-a conscientemente em prol de outras pessoas. Elisabeth Ott descreveu esse caminho em seu livro sobre a noite escura da alma. Ela fala sobre as depressões sofridas por Martinho Lutero e cita o psicólogo Erik H. Erikson, que escreveu um livro sobre o líder religioso. Ele diz que, em suas fases depressivas, Lutero fez "o trabalho sujo de sua idade". A depressão de Lutero foi, naturalmente, uma experiência pessoal, mas, ao mesmo tempo, anunciou ao mundo algo importante: o caminho libertador fora do medo do Deus rigoroso que julga e, na época, atormentava as pessoas.

Da mesma forma, a experiência depressiva de Reinhold Schneider foi um sofrimento que serviu de diretriz para as pessoas de seu tempo. Schneider assumiu o sofrimento do absurdo da história e da superficialidade de uma fé puramente externa em favor de seus contemporâneos. A ideia de representação pode ajudar as pessoas depressivas a compensarem sua depressão. Eles não se sentem como um fracasso nem um fardo para o ambiente, mas sentem que a depressão é o seu trabalho para iluminar este mundo no lugar mais escuro. Isso livra o depressivo da depressão. Assim, ela é transformada em amor pelas pessoas.

A depressão pode ser uma forma de protesto contra a ideologia do sucesso, contra a fixação unilateral na aptidão física e mental, como também no sucesso e vitória. Por isso, os depressivos também têm uma mensagem importante para os "saudáveis".

A transformação da depressão não a anula. Ela fica, mas deixa de ser um fardo para os outros e se torna, para seu portador, uma passagem do desespero à esperança, da escuridão à clareza, da tristeza a uma profunda paz. Algo distante de Deus ganha especial proximidade dele; gera uma profunda experiência de um Deus que transcende todas as imagens que dele temos.

Ritual

Como meditação, eu gostaria de propor o exercício que o antigo monge-psicólogo Evágrio Pôntico chama de "a prática do porteiro": Sente-se confortavelmente. Em seguida, coloque-se em um estado depressivo que você já experimentou. Então apenas deixe que surjam os pensamentos que se elevam em você na depressão. Aí pergunte a cada pensamento que bate à sua porta: "Você é amigável comigo? O que deseja me dizer? Que anseio está em você? O que você quer me mostrar? Ou você é um pensamento que deseja se estabelecer em mim, um invasor que me faz contestar as próprias regras da casa?" Se você acha que é um pensamento que não faz bem, não o deixe entrar em sua casa; mande-o embora. Se você se sentar assim por um tempo e permitir a manifestação de todos os pensamentos que surgirem, mas, ao mesmo tempo, indagá-los sobre a sua mensagem, de repente sentirá um profundo descanso. Você passará a não ter mais medo de humor depressivo. Você poderá permanecer como está, mas sendo senhor de sua casa. Decidirá com que pensamento e com qual emoção gostaria de se entreter por mais tempo e quais sentimentos e pensamentos deseja mandar embora, porque não dizem respeito a você.

7
Transforme a IMPACIÊNCIA em serenidade

A impaciência irrita.

Há também coisas que geram uma fúria súbita. Por exemplo, você está numa fila no hotel ou num banquete em frente ao bufê, e alguns à SUA frente não sabem se pegam queijo ou linguiça. E, se é salsicha, de que tipo? Ou então, depois do trabalho, você tem de esperar na fila do caixa no supermercado e fica aborrecido porque parece que todos os aposentados resolveram comprar justamente naquela hora, sendo que teriam o dia inteiro para fazerem suas compras. Isso é um horror para muita gente que trabalha. E quando um homem acompanha sua esposa enquanto ela compra roupas e não consegue decidir entre duas cores ou modelos. Isso até pode levar a uma crise conjugal. É enervante.

Nem todos têm paciência. Quem nunca ficou impaciente na bilheteria do cinema ou no balcão do aeroporto? O impaciente fica irritado quando alguém não responde imediatamente à sua mensagem de texto ou e-mail. Escreve imediatamente um segundo e-mail para forçar a resposta mais rápida possível. Essas pessoas geralmente não conseguem aceitar o outro como ele é; acham que ele deve mudar, aprender, de uma vez por todas, a se comportar de maneira diferente.

Nossa observação é clara. Tradicionalmente, a impaciência não é considerada uma virtude, mas um vício, só mesmo por causar emoções negativas. Franz Kafka chega a dizer: "Talvez haja apenas um pecado capital: a impaciência". Pessoas impacientes são exaustivas, não se pode lidar bem com elas. Agressões e pensamentos inadequados são muitas vezes combinados com impaciência, e os impacientes acham que o outro deve ser do jeito que eles imaginam.

Outro aspecto: chefes de RH frequentemente fazem esta pergunta: "Qual é a sua fraqueza?" E você sabe que a melhor resposta é: "Eu sou frequentemente impaciente". O clichê é que funcionários impacientes geram movimento, trazem energia, fazem a diferença. Mas a incapacidade de esperar, manter a cabeça fresca, ter uma visão calma e descontraída é igualmente problemática e arriscada para uma empresa.

A essência da impaciência é a incapacidade *Aceitar a espera;* de esperar. Primeiramente, eu gostaria de descre- *viver o momento.* ver diferentes situações em que a impaciência pode se transformar em paciência. A primeira situação: estou na fila do caixa de um supermercado ou de um balcão de aeroporto. Eu percebo a minha impaciência por ter de esperar. Mas posso dizer a mim mesmo: "Minha impaciência não faz nada andar mais rápido, não muda minha situação. Se continuo assim, só vou atrair a agressão de todos os que estão na fila". Portanto, só posso aceitar a impaciência e dizer a mim mesmo: "Agora estou na fila. Eu tenho tempo. Eu aproveito o tempo para pensar. Eu uso o tempo para orar pelos outros, para meditar, para entrar no meu ser". Hoje, muitos usam o tempo de espera na fila para responder a suas mensagens. Mas isso não muda a impaciência, que apenas se concentra em outro ponto. A impaciência só se transforma quando aceito conscientemente a espera e a desfruto sem fazer nada, apenas vivendo o momento.

Transformando a impaciência em cuidado.

A segunda situação que eu gostaria de considerar: fiz um pedido por e-mail e estou esperando impacientemente a resposta, porque meus planos para o dia seguinte ou a próxima semana dependem dela. Em vez de ficar constantemente olhando para o meu PC ou para o meu smartphone, faço o trabalho que está pendente no momento, e digo para mim mesmo: "A resposta virá. Não vale a pena perguntar novamente. Talvez a pessoa esteja fora da cidade ou de férias. Se for importante, um funcionário responderá. Se eu sou uma pessoa sensata, planejo uma coisa de cada vez, concentrando-me no que estou fazendo no momento. Assim, a impaciência se transforma no cuidado com que faço meu trabalho agora. Quando a resposta chegar, ficarei feliz. Mas não fiquei esperando impaciente por ela".

Deixe o outro ser como ele é.

Uma terceira situação: alguém me irrita por ser lento e indeciso, por falar sem segurança e não expressar o sentido daquilo que quer dizer. Fico impaciente porque ele me faz perder tempo; Ele me põe nervoso porque é lerdo. Mas, se estou impaciente, digo a mim mesmo: "Não tenho o direito de julgá-lo. Ele é como é, e tem o direito de ser assim. Eu também tenho minhas fraquezas. Por acaso, ele tem de ser como eu? Ele não tem o direito de ser lento? É esse o jeito dele. Devo deixá-lo ser como é". Mas, por outro lado, minha impaciência é normal. Se a conversa demora muito, eu a concluo de alguma forma. Tenho o direito de limitar o tempo em que falo com outra pessoa. Assim, não fico impaciente. Claro, nem sempre é fácil deixar o outro ser como ele é, mas minha crítica ou censura a ele não fará com que mude. Minha impaciência pode mudar para serenidade, e esta é a virtude de deixar que os outros sejam como são. A filosofia chinesa afirma que trabalhamos melhor estando sozinhos. Assim, deixar o outro ser é uma bênção para ele.

Se você é impaciente está sempre se "esticando" para fora das suas raízes. Mas, como diz um ditado africano, "a folha de grama não crescerá mais rápido se você puxá-la". Queremos evoluir *A folha de grama não crescerá mais rápido se você puxá-la.* mais rápido, mudar mais rápido, mas a natureza nos diz: É preciso crescer. Uma árvore só pode crescer se tiver boas raízes. Para sentir minhas raízes preciso de momentos de silêncio e calma, parando e me perguntando: "Quais são minhas raízes e onde minha árvore da vida quer crescer?" Assim, sinto minhas capacidades, as quais talvez eu esteja desconsiderando.

É nessa calma que cresce em mim a confiança de que minha vida melhora, que estou crescendo cada vez mais na forma que Deus me deu. O impaciente rompe suas próprias raízes e, agindo assim, separa-se das forças que querem fluir delas. Portanto, o impaciente tem que aprender a conscientemente ter tempo para se deixar ser como é. Só então, num segundo passo, ele pode se perguntar: "Para onde eu quero ir? O que ajuda minha árvore crescer bem?"

Ritual

Observe-se e perceba que está impaciente. Apenas perceba o sentimento de impaciência e depois pergunte a si mesmo: "Que anseio e que expectativa há em minha impaciência? "Quero que tudo sempre seja rápido, que eu preencha minhas necessidades imediatamente? Por que não posso esperar? Eu me recuso a esperar porque sinto minha impotência? Estou na minha impaciência com necessidades infantis, como a necessidade de ser sempre o melhor e mais bem-sucedido?" Não avalie sua impaciência, mas olhe profundamente para ela. Então, através dela, você se conhecerá melhor e poderá sorrir de si mesmo pelas necessidades infantis que estão em você. Assim, sua impaciência mudará para serenidade. Você aprenderá a se aceitar como uma pessoa que às vezes tem necessidades muito infantis.

8
Como o CIÚME se torna a
porta de entrada para o amor

O medo da perda e mágoa. Costuma-se observar que a inveja e o ciúme são semelhantes. No entanto, são diferentes. A inveja volta-se a todas as pessoas que têm algo que está nos faltando. Mas o ciúme é empregado nos casos de relacionamento. Um casal jovem, por exemplo, tem um segundo filho, e o primogênito torna-se agressivo quando recebe mais a atenção exclusiva de seus pais. Não é fácil para ele aceitar a mudança na estrutura de relacionamento. Outro exemplo: uma mulher recém-casada sente repentinamente ciúme do marido, que tem uma secretária atraente trabalhando com ele. Ele garante à esposa não ter interesse na secretária como mulher. Mesmo assim, a esposa tem ciúme. "O marido realmente a ama como ela o ama?" Ela percebe que sua reação só prejudica a si mesma e o parceiro, porque em algum momento lhe dá nos nervos ter que jurar o tempo todo que a ama, reafirmar a toda hora que a ama de verdade. Embora ela se torture com isso, não sai dessa fixação. Ela faz cenas, vasculha em seus bolsos, faz telefonemas de controle ou verifica seus e-mails... mesmo sabendo que isso não está certo.

Uma mulher pode ter ciúmes do marido não apenas por medo de ele se envolver com outra mulher. Ela pode ficar com ciúmes, por exemplo, se ele for simpático com outras mulheres. Por outro lado, o homem pode ficar com ciúmes de sua esposa quando ela é admirada pelos homens, ou se alguém lhe diz algo agradável.

O ciúme pode se manifestar tanto no casamento quanto na amizade, mas em ambos sempre há o medo da mágoa ou a diminuição da autoestima. A questão gira entre a dor e o medo de perda. Às vezes, aquele que sofre tem a impressão de ser "atacado" pela inveja. Quando o sentimento aumenta fala-se de "ciúme enfurecido", sugerindo-se que todas as tentativas de resolver racionalmente o problema não serão bem-sucedidas. O ciúme é um sentimento doloroso, e a sensação de ser tratado de forma injusta associa-se ao desejo de amor. Há um componente de amor nesse sentimento amargo, mas trata-se de um amor doentio.

O ciúme, seja na amizade ou numa relação de casal, é uma emoção que ninguém gosta de admitir, porque toca no orgulho, e temos medo de que o outro fique desapontado com nossas emoções. Não adianta ele dizer: "O ciúme é um problema seu. Não há razão para isso. É sua imaginação, sua ilusão. Não tem nada a ver comigo ou com o meu comportamento". No ciúme não temos como saber objetivamente se ele corresponde ou não à realidade, é um sentimento subjetivo. Quem realmente sabe com certeza se um homem provoca as mulheres, fazendo-as correr atrás dele e admirá-lo? "Será que isso só existe na minha imaginação? De qualquer forma, sinto-me pequena." Considero a fragilidade do relacionamento como uma ameaça real. "E não é natural que eu tente ser dona do que é meu, que não queira compartilhar com outras mulheres?" Essa exclusividade faz parte do amor?

Orgulho ferido e ameaça.

E, mesmo que o parceiro tente dissipar o ciúme com frequência, a mulher enciumada não ajuda. Ela pensa: Ele não leva meus sentimentos a sério.

Levando o sentimento a sério. Portanto, trata-se de emoção da qual a pessoa afetada deve cuidar, não importa o que a outra pessoa diga e como reaja. Não adianta tentar avaliar ou confirmar a questão do ciúme através do parceiro. Por exemplo, eu digo para uma mulher que sofre de ciúmes e pede conselhos ou ajuda: "É importante que você leve seu sentimento a sério. Seu sentimento lhe diz que ele a ama. Então, você deve observar o seu ciúme mais de perto. Você quer possuí-lo completamente para si. Mas você não consegue. Não pode trancá-lo. Ele sempre entrará em contato com outras mulheres. Então, você só pode perceber o ciúme em você e usá-lo como uma oportunidade de pedir a Deus por bênçãos para o seu relacionamento, para que Ele proteja o seu amor. Se você entender o ciúme como um convite a rezar pelo seu relacionamento, ele irá se converter lentamente em confiança".

"Se sinto ciúmes, também mostro meu amor ao outro." Às vezes isso é realmente revigorante, comparável a um sabor agradavelmente azedo da fruta ou de certos pratos. Um pouco de ciúme, alguma acidez torna o relacionamento mais vivo. Mas, em excesso, é perigoso e prejudicial.

A palavra "zelo" significa originalmente um "esforço feroz por uma boa causa", como alguém ansioso por ajudar, mostrando uma grande vontade de criar e realizar alguma coisa. São Bento, em sua Regra, fala de um duplo zelo. "Como há um zelo duro e mal que separa de Deus e conduz ao inferno, para que haja um bom zelo que separa do pecado, leva a Deus e à vida eterna, os monges devem colocar em prática esse zelo com amor ardente" (RB 72,1-3).

A palavra "ciúme" significa mais do que zelo negativo; é um zelo viciante. Na verdade, ser *A consciência pode ser útil.* ciumento é um vício. A Goethe é atribuído este texto: "O ciúme é uma paixão que zelosamente busca criar sofrimento". Assim, o resultado do ciúme é principalmente o sofrimento. A mulher e o homem ciumento se torturam, e também causam sofrimento ao outro, ao cônjuge, ao(a) namorado(a). Não faz sentido culpar o parceiro pelo próprio ciúme quando ele não dá motivo algum para isso. Nem os argumentos racionais e as censuras moralizantes podem mudá-lo. Pelo contrário, ele fica cada vez maior.

Por exemplo, um jovem marido pergunta à sua esposa se ela permitiria que uma ex-namorada viesse para uma visita de dois dias. Ela concorda, sabendo dessa antiga relação e da certeza do amor do marido. Mas, quando a ex-namorada está lá, a esposa mal consegue aguentar. Contra sua vontade, de repente, ocorre uma forte crise de ciúme, sentindo-se completamente impotente diante desse sentimento. Ela tem medo de que seu marido ainda ame sua antiga namorada ou até mesmo volte a amá-la; pensa na história comum que os dois tiveram, na qual ela não teve participação. Compreender e tomar consciência disso pode ser útil. Não é possível se livrar do ciúme suprimindo-o. Mas como ele pode ser transformado?

A conversa com o ciúme é um primeiro passo. Eu questiono o ciúme, se ele tem alguma razão *Pergunte pelo motivo.* no comportamento do meu parceiro ou parceira. – Muitas vezes as pessoas ciumentas sabem que seu parceiro é leal a elas e não dá origem ao ciúme. Mesmo assim, não se livram desse sentimento, e até se afundam mais nele. Ao mesmo tempo, você fica irritado com isso, mas ainda se sente impotente. A conversa com o ciúme nos traz de volta ao contato conosco e com nossa razão. Eu sacudo meu ciúme. Pergunto a ele de onde ele vem. Talvez sejam experiências de abandono na infância ou experiências de rejeição e não observância. O ciúme de uma mulher em relação a um homem, por exemplo, é muitas vezes o resultado de uma relação paterna mal resolvida. Se o pai não foi bom, se foi um pai ausente, ela projeta o comportamento do pai no parceiro. O mesmo acontece com o ciúme do homem pela esposa. Isso muitas vezes tem a ver com um relacionamento materno ambivalente. O fato de reconhecermos isso não é desculpa para o nosso ciúme. Mas podemos entendê-lo. E, se podemos entendê-lo, podemos tê-lo. Paramos de nos julgar.

Anseio reprimido por segurança. O ciúme está associado à sensação de insegurança que muitas vezes se associa à própria história de vida. As crianças que têm um vínculo de confiança com seus pais – pai e mãe em igual medida – serão, mais tarde, menos propensas ao ciúme. Mas não basta lidar apenas com a origem e as causas do ciúme. Um segundo passo é, portanto, questionar o anseio que o motiva. Muitas vezes, o vício é um anseio reprimido. Eu não condeno meu ciúme, mas sinto o anseio que está nele, como o desejo de ter o parceiro só para mim, que ele cuide somente de mim, que ele passe todo o seu tempo comigo, que ele goste só de mim. Mas se eu me permito esse anseio e penso nisso, percebo: Isso não é realista, não posso prender meu marido ou minha esposa, porque, desse jeito, um relacionamento tende a ser chato. Uma mulher contou-me que seu marido ficava com ciúmes quando ela se encontrava com suas amigas para conversar. Ele queria que ela estivesse com ele o tempo todo. Mas quando isso acontecia, ele não dizia nada; ficava vendo TV em vez de falar com ela. Ele só quer ter poder sobre a esposa; ela tem que estar com ele. Se as pessoas permanecerem no ciúme bloqueiam seu relacionamento e o prejudicam a longo prazo.

Perguntando ao meu ciúme sobre meu anseio, descobrirei que há um grande amor nele. Eu amo meu parceiro, mas esse amor está ao mesmo tempo ligado a expectativas irreais; a expectativa de que eu possa possuí-lo completamente e sempre tê-lo comigo. Então, o ciúme se torna um convite para pedir a Deus a confiança no parceiro, porque ambos somos fiéis um ao outro. O ciúme me desafia a pensar sobre a natureza do amor, que é sempre um dom. Ele libera e, ao mesmo tempo, quer a proximidade do outro. O amor precisa da confiança. Se quero manter o amor sob controle, eu o destruo.

O amor precisa de confiança; o controle acaba com o amor.

Não faz sentido manter o ciúme, porque assim preparo o inferno do meu parceiro. Mas, como também não consigo suprimi-lo, sofro constantemente, porque ele retorna constantemente. A questão é transformar o ciúme em amor. Um importante meio de transformação é entregá-lo a Deus. Admito que me sinto impotente diante do ciúme. Ele está lá, ele me ataca. Então olho para ele e o coloco à luz de Deus, para que a luz e o amor do Todo-poderoso possam fluir para ele e transformá-lo. Se eu passar meu ciúme para Deus por tempo suficiente para imaginar seu amor penetrando-o, o ciúme deixará de ser amargo e poderoso e se tornará uma porta de entrada para o amor.

Como o ciúme deixa de ser amargo.

Mas o que significa entregar o ciúme a Deus? Para aqueles que acham isso difícil aconselho a tentar olhar para o seu ciúme e distanciar-se dele; apenas pare. Às vezes precisa-se de um sinal de parada para que o ciúme se transforme em amor. Quando fico com ciúmes, quando descubro o que meu marido está falando com sua secretária, olhando-a amavelmente, talvez acariciando-a, aí tenho que parar. Não vale a pena seguir esse caminho, pois assim o ciúme ficará cada vez pior. O ciúme quando ocultado poderá um dia se expressar em violência ou

Às vezes é preciso fazer uma parada.

em outras reações negativas. Não só as mulheres, mas também os homens não querem admitir que têm ciúmes. Eles transformam esse sentimento em raiva, ódio ou agressão. Muitos romances e peças de teatro falam disso.

Ciúme como um desafio mútuo. A Bíblia também fala de ciúme, como na história das irmãs Maria e Marta. Jesus é amigo de ambas. Marta cuida de Jesus e de seus discípulos, cobre a mesa, cuida da comida. Maria apenas se senta aos pés de Jesus e ouve-o. Marta fica com raiva. Ela sente que sua irmã a deixa sozinha no trabalho e tem ciúmes dela, que está mais perto de Jesus, e diz: "Senhor, não te importas que minha irmã me deixe sozinha no serviço? Dize-lhe que me venha ajudar" (Lc 10,40). Mas Jesus justifica o comportamento de Maria: "Marta, Marta, andas muito agitada e te preocupas com muitas coisas. Entretanto, uma só coisa é necessária. Maria escolheu a melhor parte, que não lhe será tirada" (Lc 10,41s.). Esta cena pode ser interpretada de várias maneiras. Por um lado, Maria e Marta representam os dois lados de cada um de nós. Mas também podemos interpretar o fato como a história de ciúmes de duas irmãs. Então a resposta de Jesus seria: "Fique com o que você faz. É verdade que você põe a mesa e é hospitaleira. Somos gratos por isso. Mas deixe sua irmã fazer o que é importante para ela também. Ela quer ouvir minha mensagem. Ambas as coisas são boas. Mas não devemos ter ciúme do que a outra pessoa está fazendo e da proximidade que ela está experimentando". Assim, a transformação do ciúme vem pelo caminho de se estar plenamente consigo mesmo e não se fixar constantemente na outra pessoa, no que ela poderia pensar ou fazer, ou se tem e eu não tenho. Mas também podemos ler esta história da seguinte forma: se Maria – que também é anfitriã – fosse mais generosa com sua irmã Marta, esta não teria tido ciúme. Portanto, o ciúme é também um desafio mútuo. Os problemas nunca devem ser abordados apenas de um lado, mas sempre observando o comportamento de ambos os lados. Se o meu comportamento prejudica o outro, se eu deliberadamente o tornar ciumento, então é minha responsabilidade ser mais amoroso e atencioso para com ele. Na relação, as emoções são sempre recíprocas; nós causamos emoções nos outros. Claro, todo mundo tem de lidar com suas emoções. Mas também devemos estar conscientes para não ocasionar emoções negativas e desnecessárias nos outros.

Ritual

Use a mensagem de Maria e Marta como um ritual, tentando estar plenamente consigo mesmo para ficar completamente no que está fazendo agora. Sente-se e depois ouça sua respiração. Imagine como o amor de Deus flui para você em cada respiração. E, ao expirar, deixe esse amor fluir para o seu corpo. Você está completamente em si mesmo e nenhum pensamento de ciúme surgirá em você. Em seguida, caminhe pelo seu quarto ou do lado de fora da casa. Passo a passo, coloque seus pés no chão e torne a levantá-los. Você está plenamente no ato de caminhar, você se move, você muda enquanto anda. E, quando surgirem pensamentos ciumentos, deixe-os escapar de você a cada passo. Se você está andando, não importa se Maria está mais perto de Jesus agora, se sua amiga ou esposa está conversando agora com um homem. Você está completamente consigo mesmo. Isso o protege de fantasias ciumentas.

9
A AMARGURA pode dar um sim à vida

Expectativas não realizadas na vida. Há pessoas, muitas vezes idosas, que têm a característica de serem amargas. Esse sentimento surge nelas quando pensam em sua infância difícil e sem amor. Só veem coisas sombrias. Houve muita rejeição e frieza. Nada há de positivo em sua memória. Por outro lado, pessoas que em sua infância tiveram um lar equilibrado geralmente não são transtornadas por esse sentimento.

Também há pessoas que se sentem amarguradas em relação ao seu futuro. Elas sabem que esse sentimento não é bom, mas não podem fazer nada para modificá-lo. Ele as ocupa completamente.

Eu mesmo mal conheço do sentimento de amargura, pois tive uma boa infância. Mas me deparo com ele em muitas conversas, e não apenas com pessoas idosas. Muitas vezes elas reagem amargamente motivadas por uma mágoa profunda. Mas nem sempre é uma reação a algo ocorrido anteriormente. Muitas vezes as pessoas se tornam amargas porque as expectativas que tinham para a vida não se concretizaram: não conseguiram o que queriam profissionalmente; não conseguiram constituir uma família ou então a família se desagregou; as crianças não seguiram um bom caminho, talvez até se desviaram; alguns não são devidamente reconhecidos na empresa, na coletividade, na paróquia, há outros que estão mais em foco; há pessoas que se tornaram amargas porque ficaram doentes, sofrem de dores crônicas, não veem sentido em seu sofrimento. Conheço pessoas idosas que são amargas porque se sentem solitárias, que ninguém precisa delas, que são inúteis, que seu tempo passou e que Deus não quer saber delas.

Até mesmo São Bento conheceu essa amargura com seus monges; ele mencionava o vício de resmungar. O resmungo é uma expressão de amargura interior. Perto de uma pessoa amarga não nos sentimos bem; percebemos que a amargura do outro emite uma aura desagradável que preferimos evitar. Bento adverte os monges: "Acima de tudo, o vício de resmungar nunca deve surgir, em qualquer palavra ou intimidade, seja qual for a ocasião" (RB 34: 6). Bento sabe quão prejudicial pode ser a queixa, que é a recusa em se envolver na vida, a permanência na atitude infantil de estar contra tudo.

A Bíblia fala frequentemente da amargura. *Qualquer um que é amargo está morto.* A morte é amarga: "Ó morte, quão amarga é tua lembrança para quem vive em paz entre seus bens" (Ecl 41,1). Jó reclama a Deus que o está enchendo de amargura (Jó 9,18). Ezequias, doente, dirige-se em amargura a Deus: "Que direi eu? Que lhe falarei? Foi Ele que agiu! Percorro todos os meus anos com minha amargura" (Is 38,15). "Pedro se lembrou do que Jesus lhe dissera: 'Antes que o galo cante, me negarás três vezes'. E, saindo, Pedro chorou amargamente" (Mt 26,75). Já a Epístola aos Efésios (4,31) exorta os cristãos: "Afastai de vós toda dureza, irritação, cólera, gritaria, blasfêmia e toda malícia". A palavra grega para amargura (*pikria*) significa a "impertinência que leva do sentimento amargo à amargura" (Schlier). O sofrimento e a morte podem amargar as pessoas, mas a amargura também pode se tornar um vício que deve ser evitado, pois, segundo o Livro do Apocalipse

(8,11), ela pode matar: "O nome do astro é Absinto. E a terça parte das águas tornou-se absinto. Muita gente morreu porque as águas se tornaram amargas". Qualquer um que esteja amargurado por dentro está morto, não vive realmente.

Uma mulher me disse que, especialmente à noite, ela ficava mais agressiva e sensível. "Meu pai chegou em casa bêbado, à noite. Durante o dia, as crianças estavam felizes com minha mãe. Mas assim que o pai chegou houve uma briga. Meu pai trouxe um humor negativo para casa. Havia sempre uma amargura em mim pela agressividade dele, que me tirava a paz. Mas como eu saio dessa amargura?"

Como transformar a amargura – exemplos bíblicos. Estou convencido de que a amargura também pode mudar. Como isso pode acontecer é explicado no Livro do Êxodo. Quando os israelitas saíram do Egito e passaram pelo deserto, eles estavam com sede, mas, quando chegaram a Mara, encontraram apenas água agridoce que não podiam beber. Eles resmungaram contra Moisés por fazê-los morrer de sede. Moisés clamou a Deus, que o ordenou a jogar um pedaço de madeira na água. Isso tornou a água doce (Ex 15,22-25). Portanto, trata-se da transformação do amargo em algo doce. Os Pais da Igreja viram essa história como o arquétipo da cruz, e a madeira é um símbolo dela. A cruz transforma a amargura em docilidade.

João retoma essa história antiga na descrição da paixão de Jesus: "Em seguida, sabendo que tudo estava consumado e para se cumprir plenamente a Escritura, Jesus disse: 'Tenho sede'" (Jo 19,28). Então, o que acontecera no deserto com Israel é cumprido na cruz. Jesus, em sua sede, sente-se solidário como as pessoas que não podem beber a água amarga de suas vidas. Mas Jesus bebe a amargura de nossas vidas. Os soldados colocam uma esponja com vinagre em um hissopo e lhe dão para beber. O ramo de hissopo é uma reminiscência do rito pascal. Os israelitas, no êxodo do Egito, experimentaram amargamente a água ruim. Jesus bebe nossa amargura na cruz. Ele toma nossa amargura sobre si mesmo e trinca a esponja com vinagre amargo, bebendo por conta própria. Ele transforma nossa amargura em doçura. Joseph Haydn entendeu essa transformação de amargura em doçura quando colocou em numa terça descendente a quinta palavra de Jesus na cruz "Sitio" = "Tenho sede". Jesus se inclina cheio de amor às pessoas amarguradas, eleva a sua amargura e a esvazia, de modo que suas vidas são adoçadas por seu amor. O próprio Jesus é aquele que transforma na cruz nossa amargura.

Como essa transformação pode acontecer aqui e agora em nossas vidas? Uma *primeira forma* de experimentar a transformação de nossa amargura é vê-la. *Reconhecendo as ilusões da vida.* Falo com Deus sobre o motivo de eu ser tão amargurado. Assim, em oração, vou perceber a causa mais profunda da minha amargura. É algo basicamente semelhante ao povo de Israel resmungando contra Deus: "Deus não preencheu meus desejos na vida" "Sinto-me só" "A vida é tão diferente do que eu imaginava". Os israelitas tiveram a ideia de uma Terra Prometida na qual fluiriam leite e mel, na qual eles se sentiriam livres. Mas, antes de entrar na Terra Prometida, eles tiveram de caminhar pelo deserto, onde amargaram fome e sede e todo tipo de perigos. Aí eles se compararam aos egípcios que tinham tudo do que precisavam: bastante água, bastante pão e peixe, alho e cebola. Por outro lado, eles tinham a impressão de que Deus os havia esquecido e de que suas vidas eram plenos desertos. Também conhecemos essa sensação de deserto em nós mesmos, temos fome e sede de amor, mas não conseguimos o que desejamos. A conversa com Deus poderia nos mostrar as ilusões que temos de nossas vidas. Ao expor nossas ilusões, nos tornamos capazes de dizer sim à vida como ela é.

Deixe o amor de Deus fluir – meditação da cruz.

A segunda maneira de transformar a amargura é a meditação da cruz. Assim como Joseph Haydn meditou na palavra de Jesus na cruz "Sitio = ter sede de mim", eu olho para Jesus na cruz e imagino que Ele leva minha amargura e a bebe. Outra imagem: Jesus sorve a esponja da minha amargura na cruz. Ele sorve a esponja expressa com seu amor saindo de seu coração aberto. E esse amor que flui do seu coração para mim eu deixo fluir em minha amargura. Admito minha amargura, não tento suprimi-la, mas deixando o amor de Jesus fluir ela é transformada. Assim, o que Jesus fez na cruz com a nossa amargura acontece: Ele a toma sobre si mesmo.

Uma nova atitude: lidar melhor consigo mesmo.

Tal atitude de aceitação não é um "consolo" nem uma postura passiva. Não posso mudar minha infância. Foi como foi, tenho que aceitar isso. A aceitação é o primeiro passo, mas não o único. Também tenho de pensar como reajo à minha amargura. A necessidade de transformá-la me desafia a encontrar, por um lado, uma atitude diferente em relação à vida; por outro, transformar as mágoas do passado numa "pérola". Primeiro, tenho de dizer adeus às ilusões que fiz da vida. Preciso aprender a dizer sim à minha própria condição, dizer sim à vida, como o destino exige que eu faça. Isso nem sempre é fácil. A amargura facilmente pode retornar. Aí é que ocorre o desafio de me perguntar novamente sobre o que realmente me oprime. Também é importante reagir ativamente a ela. Por exemplo, se algum "fantasma amargo" vem para "assombrá-lo" de noite, não responda a e-mails importantes ou críticos nem tome qualquer decisão durante a noite. Você também pode pensar em como suas experiências de infância podem ser proveitosas para si e para os outros. Todos podem ajudar os outros com suas experiências, para lidar melhor consigo mesmos, e assim ser um bom companheiro ou um bom pastor para eles.

Ritual

Olhe para uma cruz e imagine: Jesus se inclina para você. Ele sente sua amargura. Ele bebe. E imagine que, do seu coração traspassado flui seu amor para esse seu sentimento. Você não precisa lutar contra sua amargura. Você a admite, mas a estende a Jesus e deixa o amor dele fluir sobre ela. Sinta como o amor está gradualmente transformando sua amargura em doçura. Talvez apenas um gosto amargo ocorra no começo; ele não precisa ser doce. Mas confie que o amor de Jesus irá gradualmente permear e transformar sua amargura.

10
Superando SENTIMENTOS DE INFERIORIDADE

O vício de comparar constantemente. Meus alunos já me relataram que ao entrarem na sala começam a se comparar com os outros, dizendo: "Tenho tanta segurança quanto o outro ao meu lado?" "Pareço melhor do que a mulher ao meu lado?" "Todos eles são mais espirituais do que eu?" "Sinto-me tão apagado nesse grupo de pessoas autoconfiantes". – Eles dizem que isso não lhes traz qualquer benefício, levando-os para longe de si mesmos. Também relatam que se sentem constantemente observados e avaliados pelos outros, porque não se valorizam.

Queiramos ou não, nos comparamos repetidamente. Quando avistamos outra pessoa, repentinamente vem à nossa mente: "Quem é mais bonito?" "Quem é mais bem-sucedido?" "Quem tem mais dinheiro?" "Quem é mais esperto?" Até mesmo pessoas bem-sucedidas se comparam com os outros. Assim que leem no jornal que alguém está sendo elogiado por seu livro, por sua empresa, por seus benefícios em prol dos outros, elas se perguntam: "Por que não sou elogiado da mesma forma?" "Por que essa pessoa é mais conhecida do que eu?" "Ela é melhor do que eu?"

Alguns, ainda, ao se compararem com os outros, procuram suas fraquezas; por exemplo, um homem economicamente bem-sucedido e politicamente influente, mas que tem um relacionamento problemático e uma família malconstituída. Se, querendo nos sentir em situação melhor, nos fixarmos nisso e observarmos o outro nesses aspectos, isso não nos fará bem algum. Inveja e sentimento de inferioridade são tão inúteis e degradantes quanto a alegria sádica diante do infortúnio alheio.

Eu mesmo costumava me comparar com os outros. Isso me deixava cada vez pior. Até mesmo uma comparação que nos faz parecer melhor do que os outros e aparentemente nos faz bem – porque nos colocamos acima deles –, traz malefícios, pois passamos a viver em função deles e não nos mantemos em nós mesmos; "existimos apenas por comparação". Além disso, nos expomos ao perigo de nos sentir especiais, considerando-nos melhores que os outros. E ao olharmos os outros de cima, eles poderão nos acusar de arrogantes.

Obviamente, essa tendência à comparação já vem desde o berço. As crianças comparam seus brinquedos com os brinquedos de outras crianças; comparam o tempo que passam no colo da mãe com o tempo que seus irmãos desfrutam desse privilégio; comparam o que podem fazer, o que os pais lhes permitem, com o que é concedido aos irmãos. Estão constantemente fazendo comparações, querendo que tudo seja igualado, mas sempre têm a impressão de que recebem menos tempo, menos atenção e dinheiro. Os alunos se comparam na escola; observam fixamente a atenção que o professor dá a um determinado aluno. E assim por diante.

Comparar-se não leva necessariamente a um sentimento de inferioridade, mas o sentimento de inferioridade geralmente leva à comparação. Quando temos baixa autoestima somos tentados a diminuir os outros para nos elevarmos.

Sensação de inferioridade e experiência de autoestima.

A denominação "sentimento de inferioridade" vem de Alfred Adler, que, além de Sigmund Freud, elaborou um conceito de psicanálise. Ele desenvolveu o conceito de inferioridade a partir do que observou em relação à inferioridade dos órgãos. As pessoas que são muito pequenas, que têm deformação em determinadas partes do corpo, como mãos, pés ou rosto, geralmente têm a sensação de que são inferiores. Mas esse sentimento também atormenta pessoas ditas normais. Isso muitas vezes está associado à falta de apreciação, desvalorização e rejeição na infância. Alfred Adler explica que uma grande parte das pessoas que têm sentimento de inferioridade opta pelo caminho da compensação, querendo compensar sua inferioridade pelo poder. Esse desequilíbrio pode ser visto, por exemplo, em chefes que precisam diminuir os outros para acreditarem em sua grandeza ou tentam compensar sua inferioridade com um senso exagerado de apreciação. Precisam afirmar constantemente o quanto fizeram e quão capazes e talentosos são, ou compensam seu sentimento de inferioridade "fabricando" uma sensação de superioridade. Colocam-se como superiores em qualquer lugar: "Eu sou o maior, o mais inteligente. Não há ninguém aqui tão bom quanto eu para jogar futebol, calcular, lidar com finanças, organizar etc."

Compensações não ajudam. Alfred Adler tinha a convicção de que compensações em quaisquer áreas, como dinheiro, roupas, joias ou sucesso, não compensam o sentimento de inferioridade. Para ele, a única maneira de superar esse sentimento é desenvolver uma autoestima saudável e senso de comunidade. Esse desenvolvimento é conseguido por aquele que aprende a interagir com outras pessoas, dedicando-se a isso. Assim, aprofunda-se no amor e passa a ter um bom contato com sua sexualidade. Para Adler, também ajuda muito a abertura para a arte, a cultura e a criatividade.

Alfred Adler nos mostrou maneiras de transformar o sentimento de inferioridade. No entanto, *Indo ao fundo da alma.* devemos traduzir suas percepções para o nosso ambiente. A sensação de inferioridade sempre está condicionada ao excesso de fixação em nós mesmos. Um importante caminho de transformação é, portanto, não ficarmos constantemente girando em torno de nós mesmos, mas nos relacionarmos com as pessoas ao redor. Quando nos envolvemos na comunidade também nos sentimos apoiados por ela. Assim, o sentimento de inferioridade perde o efeito.

Outra forma de transformação é nos afastarmos desse sentimento penetrando no interior de nossa alma. Lá experimentamos nosso verdadeiro eu, que não depende da impressão externa. Quando estamos em contato com esse eu interior, quando sentimos que somos o filho ou a filha de Deus, que temos uma dignidade única em Deus, não importa mais o que parecemos para os outros; se nós somos inseguros, tímidos ou ansiosos. Esse é apenas o nosso comportamento externo, mas sentimos em nosso interior uma profunda paz. Assim, não temos mais necessidade de nos comparar com os outros. Quando estou comigo, a comparação cessa.

Eis aqui uma outra sugestão de Adler para se livrar do sentimento de inferioridade: o senso *A beleza é a cura.* de cultura e arte, a abertura para o belo. Se olho para uma paisagem bonita esqueço minha baixa autoestima. – Simplesmente estou olhando para cima. Ou quando olho para um pôr do sol ou uma bela imagem, uma linda estátua, esqueço de mim mesmo; estou muito presente nisso, estou em harmonia comigo mesmo, não sinto mais a inferioridade. O escritor Martin Walser narra a seguinte experiência: "Se você encontrar algo bonito nunca se sentirá sozinho; se você encontrar algo bonito, está salvo, redimido por si mesmo". Se eu achar algo bonito e olhar para ele, liberto-me da fixação em mim mesmo. Assim, a beleza pode ser benéfica, diminuindo o meu sentimento de inferioridade; sinto-me parte da beleza; compartilho do belo, sentindo-me igualmente bonito. Ou, por exemplo, não me comparo com a mulher bonita da propaganda, mas vejo minha própria beleza, minha própria dignidade, meu próprio valor.

Comparação como um desafio positivo. Naturalmente, a comparação não é necessariamente negativa. Também pode ser um desafio para nos desenvolvermos, para fazer mais e melhor do que os outros. O que importa é a nossa reação: "Como reajo quando me comparo?" Posso fortalecer meu sentimento de inferioridade e reagir com inveja ou alegria sádica ou posso usar a comparação para me aperfeiçoar. A reação positiva pode transformar a comparação; ao me comparar com os outros também sou desafiado a trabalhar em mim mesmo. Também quero ter algo que o outro tem. Então me pergunto: "Como posso me tornar mais popular?" "Como posso ser bem-sucedido?" Nesse caso, comparar é um desafio para trabalhar, progredir no meu caminho. Mas, nesse caminho de progresso eu tenho de aceitar meus limites, não me fixando na comparação, pois isso me levaria a constante insatisfação. Trata-se de ver o sucesso do outro como um convite para pôr-me a caminho e evoluir. Mas sempre tenho que ter clareza sobre os meus limites e estar completamente comigo mesmo nesse caminho para frente. Não posso olhar sempre para o outro, tenho que seguir meu próprio caminho. Porém, nesse caminho, deixo-me ser desafiado e orientado pelo outro. Se ando 1.000m com os outros, eles me incentivam a correr mais rápido. Mas se olho para o primeiro corredor que há muito tempo nos deixou para trás, fico desanimado. Por outro lado, se eu apenas olhar para aqueles que correm bem à minha frente, não desistirei facilmente e serei estimulado.

Claro, todos, de certa forma, vivemos de comparações: trabalhamos em rivalidade com os *Retornando a si mesmo.* outros; na empresa temos de competir com empresas concorrentes; dentro da empresa vivemos a concorrência com outros que estão se candidatando ao mesmo cargo. Não podemos simplesmente abandonar a comparação. É como a Parábola do Joio e do trigo (Mt 13,24-30). A comparação é simplesmente semeada em nosso campo. Se nós a arrancássemos, também extrairíamos o trigo. Só podemos reduzir a comparação; não devemos deixar que ela prolifere como as ervas daninhas. A questão, portanto, é transformar a comparação. Não podemos arrancá-la de nós mesmos, porque tiraríamos o impulso interno que nos leva a seguir nosso caminho. O que não devemos é nos entregar à comparação, pois nos tornaríamos infelizes e insatisfeitos. Trata-se de transformá-la; primeiro em gratidão, depois em reencontro com nós mesmos, com Deus e com as pessoas com quem estamos nos comparando, e, finalmente, como um incentivo para evoluir. O fator decisivo de todos esses passos é que voltamos a nós mesmos e nos libertamos da alienação que vem da referência focada nos outros, porque, se ficamos constantemente no alheio, naquilo que não tem a ver com nossos pensamentos, nos tornaremos alienados. A cura não acontece na alienação, e sim no retorno para casa, para nós, no viver de bom grado em nós, porque Deus habita em nossa vida.

Pode-se aconselhar uma pessoa que sofre de inferioridade a ver seus pontos fortes: "O outro é *Sentir a si mesmo.* bem-sucedido, mas eu sou mais esperto". "Ele fez uma carreira, mas é solteiro". "Eu tenho família e estou satisfeito com isso". Mas se eu colocar meus méritos contra os pontos fortes do outro, então ainda permaneço no nível da comparação. Assim eu sempre descobrirei algo na outra parte de que sinto falta. Melhor é o caminho que privilegia o próprio desenvolvimento.

Certa mulher gostava de participar de reuniões de mulheres. Mas, ao mesmo tempo, isso a fazia sofrer, pois ficava se comparando com outras; todas elas tinham estudado e podiam conversar melhor do que ela. Sempre que queria dizer alguma coisa, pensava: "A outra diria a mesma coisa, mas eu não posso expressar isso tão bem". Uma amiga aconselhou-a a imaginar que ela era a melhor dona de casa e que podia cozinhar melhor do que as mulheres estudadas do seu círculo. Mas isso não ajudou, porque ela continuou presa à comparação. Então eu a aconselhei: "Apenas sinta suas mãos, ouça com prazer e permita-se a liberdade de não dizer nada. Se você sentir vontade de dizer alguma coisa, diga, mesmo que alguém já tenha dito algo semelhante. Fique com você mesma e com seus sentimentos. Assim, você se sentirá confortável no grupo e livre da pressão de comparar". Se eu "ficar sozinho", não me colocarei acima dos outros. Em vez disso, vou simpatizar-me com eles, que podem não estar tão bem, terem adoecido ou falharam.

Passos decisivos para uma nova experiência. O *primeiro passo* para se transformar é sentir-se, estar consigo. Já, quando faço comparações, estou com o outro; não sinto a mim mesmo. Algo que ajuda a nos sentirmos é o corpo. Para isso, basta, por exemplo, concentrar-me na respiração e estar completamente comigo. Ou colocar minhas mãos no meu estômago e sentir minha força. A sensação me leva a mim mesmo.

O *segundo passo* é considerar a comparação como um convite a ser grato por ver o que sou, as habilidades que tenho, o que Deus me deu na vida. Não tenho que culpar o outro ou menosprezar seu sucesso. Deixo-o com seu sucesso, sua inteligência, sua popularidade, sua espiritualidade. Mas olho conscientemente para a minha vida e lá encontro o suficiente para ser grato a Deus. Posso praticar gratidão sentindo a mim mesmo. Sinto meu corpo e agradeço por ele ser saudável. Percebo meus sentimentos. Sou grato por sentir que estou respirando. Se eu estiver plenamente no momento, fico grato e não penso em mil coisas de que preciso. Eu sinto que minha vida é um presente – Em alemão, *danken* (agradecer) vem de *denken* (pensar). Se você pensar corretamente sobre a sua vida, será grato. Portanto, devemos aprender o pensamento correto.

Se associarmos nossa vida à palavra *als* – schöner als, mehr als, besser als (mais belo que, mais que, melhor que) –, devemos ir da palavra *als* para a palavra *eins* (um, uno). Isso transforma *Um caminho para a riqueza interna: da comparação ao compartilhamento* nossa comparação. Por meio de Jesus Cristo, nos tornamos um com Deus; Ele veio para nos encher com a vida divina. Mas a alienação não é apenas quanto a Deus, é quanto a nós mesmos e as pessoas. Quando me sinto um comigo mesmo, aceito-me como sou; sinto unidade interior com meu verdadeiro eu. Já a comparação divide, afasta-me do meu centro. Quando sou um comigo mesmo, também concordo com a minha vida; com o que alcancei, com o que Deus me deu e posso tentar me sentir em sintonia com a pessoa com quem havia me comparado. Eu sou um com aquele que é tão bem-sucedido; assim, participo do seu sucesso. Ou participo da beleza de outra mulher. Paro de me comparar; participo de todas as pessoas. Eu tenho tudo o que você tem. Então, o sucesso do outro não me aborrece. Descubro a riqueza da minha alma percebendo todas as habilidades dos outros.

Ritual

Escolha uma pessoa com quem você costuma se comparar, sentindo-se inferior. Então imagine: ele ou ela é meu amigo(a). Eu participo de suas habilidades, de sua beleza, de sua popularidade, de seu sucesso. Eu me sinto um com ele(a). Assim, a comparação muda. Você se sente um com quem sempre se comparou. E você não é apenas um com ele(a), mas também descobre novas habilidades em você. Você faz parte das habilidades dele(a); suas habilidades também estão em você. Assim, pode olhar com gratidão para o que Deus lhe deu.

Em seguida imagine uma pessoa com quem também se comparou, mas que é mais fraco do que você. Sinta-se junto dela e imagine que é um com ela. Então sua comparação se transformará em compaixão. Você pode sentir o quanto essa pessoa sofre, simpatizando-se com ela, em vez de se colocar acima dela.

11
Liberte-se do ÓDIO e da VINGANÇA

"O ódio gruda como alcatrão nos humanos", *Nós mesmos carregamos o ódio.* assim disse certa vez um correspondente de guerra. Isso não ocorre apenas em conflitos militares ou em guerras civis, e não apenas com pessoas na Síria ou na África. Nós mesmos carregamos o ódio em nós; nos pesadelos ele pode nos impactar; mas também em fantasias ao longo do dia, às vezes ele nos assombra, e por isso ficamos assustados. Um homem adulto, por exemplo, fala de seus sentimentos de ódio contra o pai, que há muito tempo morreu: "Eu tive que assistir vezes sem conta ele batendo no meu irmão mais novo. Isso me doía muito e eu não podia fazer nada". Já uma mulher delicada e muito gentil, uma intelectual, conta como atravessa o escritório em seus devaneios descontrolados, olhando para uma reunião de seus chefes, que a atormentam com imposições absurdas, como que apontando uma arma. Outra mulher relata sentimentos de ódio pelo marido alcoólatra, narrando verdadeiras fantasias de assassinato, sendo surpreendida por si mesma. Ainda uma mulher me contou que seu irmão a usava muito sadicamente quando criança. Mesmo sendo uma menina de 11 anos, ela tinha tanto ódio dele, que poderia tê-lo matado.

Muitas vezes o ódio é o resultado de sentimentos de desamparo em relação às pessoas que têm poder sobre nós. Esse sentimento pode cegar e levar a um comportamento irracional, até mesmo ao assassinato. Ele tem algo a ver com perseguição: seguimos uma pessoa com nosso ódio; levamos à morte uma pessoa que odiamos. Ainda há aqueles que, "perseguidos por si mesmos", sentem ódio de si. Portanto, o ódio volta-se aos outros, aos estranhos, àqueles que consideramos ameaçadores, como questionadores de nossa existência. Mas também existe o ódio por si mesmo. E isso ocorre com mais frequência do que aparenta. No acompanhamento espiritual, de vez em quando me deparo com pessoas que odeiam a si mesmas e a sua vida. Muitas vezes até chegam a odiar a Deus, que lhes deu essa vida.

Já não temos controle sobre nós. Como podemos e como devemos lidar com nosso ódio, se não quisermos receber o mesmo em troca, sem prejudicar nós mesmos e os outros? Não adianta mantê-lo ou suprimi-lo. Se tentarmos arrancá-lo de nossa vida, continuaremos a lidar com ele. É preciso muita energia para erradicar essa emoção forte, que retorna constantemente. Assim, vivemos com medo de que ele apareça incontrolavelmente e depois nos leve a atos irracionais. E, além disso, nos sentimos culpados o tempo todo por senti-lo dentro de nós. Claro que um cristão não deve odiar, mas tais pensamentos morais não nos liberam do ódio. Ele parece estar arraigado em nós; somos dominados por ele; não conseguimos mais controlá-lo, e isso nos assusta. Podemos perder o controle sobre nós mesmos.

O ódio e a vingança estão conectados; muitas vezes o ódio é expressão de vingança, que é um sentimento antigo no homem. Inclusive a Bíblia conta muitas histórias de vingança. Não há apenas Caim, que se vinga de seu irmão Abel por assassinato, porque ele era o preferido. Saul também se vinga dos sacerdotes que impediram Davi de escapar e mata todos eles. Absalão se vinga de Amnom, que estuprou sua irmã Tamar. A vingança é a sensação de que devemos nos defender contra a injustiça e restaurar a justiça. Mas com o nosso senso de vingança, nós mesmos nos tornamos injustos e talvez até assassinos. O Antigo Testamento enfatiza repetidas vezes que somente Deus tem o direito de se vingar; o homem não deve fazê-lo, nem mesmo contra aquele que o ofendeu. Ele pode fazer campanha por justiça, mas deve fazer valer essa justiça.

A questão é: De onde vem a sensação de vingança? Ela é um impulso normal e saudável? Antes de tudo, uma sensação de vingança ocorre *É sempre uma sensação de mágoa.* quando nos sentimos feridos, fazendo surgir em nós ideias de como podemos ferir aquele que nos feriu, de humilhá-lo ou atormentá-lo. Sentimentos de vingança se expressam em fantasias agressivas. Alguém se imagina mostrando seu poder para o outro, diminuindo-o, fazendo-o sofrer, matando-o. Essas fantasias de vingança não são raras, e às vezes sua concretização ocorre muito tempo depois. Elas ficam guardadas com a pessoa ferida para serem executadas em ocasião oportuna.

Ficamos horrorizados, por exemplo, quando um chefe se deixa guiar por sentimento de vingança, magoando profundamente os funcionários. Mas, antes de julgarmos os outros devemos honestamente olhar para dentro de nós mesmos, pois também carregamos esse sentimento. Pelo entendimento rejeitamos sentimentos de vingança, mas às vezes nos assustamos porque os temos. Mas é preciso ter humildade para admitir isso. Somente o que aceitamos pode ser transformado. Mas como podemos transformar esses sentimentos de vingança?

Uma ideia que pode ajudar. Uma maneira é entregar nosso ódio e vingança a Deus, pedindo que seu amor invada e transforme esses sentimentos. Se observarmos mais detalhadamente a motivação de nossa vingança perceberemos que ela esconde uma profunda mágoa. Deveríamos admitir que temos esses sentimentos, mas isso não pode justificá-los. Se nos permitirmos fazer o mal a outra pessoa para nos vingarmos, isso traria algum benefício para nós? Assim, perceberemos que, se nos deixarmos levar por causa de outra pessoa, estaremos praticando um ato contrário aos nossos valores; ficaremos descontrolados, exacerbados, desenfreados, praticando algo que não está de acordo com o nosso íntimo. Acabaríamos dando poder ao outro; sairíamos do nosso modo de ser e seríamos levados a coisas das quais nos arrependeríamos. Por outro lado, se transformarmos nosso senso de vingança em algo que não fira nossos valores, permaneceremos em nós mesmos.

Percebendo o poder no ódio. Embora tenhamos visto e entendido a conexão entre o ódio e a vingança, a questão permanece: Como posso, mesmo sentindo ódio, não querer me vingar? Como transformar o ódio? O *primeiro passo* para transformar o ódio seria descobrir o seu poder. Trata-se de reconhecer o impulso com o qual nossa alma respondeu às experiências que tivemos quando criança. O ódio da filha pelo pai é uma reação de sua alma a mágoas profundas. Essa reação é perfeitamente saudável, pois ela se protege dos insultos que vieram de fora. Há um grande poder no ódio para nos proteger daquele que nos prejudica. Nesse ódio construímos um muro para que o outro não possa nos atingir. Mas isso não é uma proteção ideal, porque no ódio o outro ainda tem poder sobre nós. Há pessoas que se odeiam porque pressentem em si um profundo ódio.

Obviamente, para aquele que sente ódio, é difícil pensar no poder protetor desse sentimento; é mais fácil pensar em vingança.

A diferença entre o poder protetor do ódio e o impulso da vingança pode ser expressa desta forma: o ódio é um escudo forte que eu seguro na minha frente, de modo que o outro não possa me atingir. A vingança, no entanto, é como uma lança que eu atiro no outro. Mas quando atiro a lança, corro o risco de o outro arremessar uma lança ainda mais forte contra mim. Ou o atinjo para depois ser arrastado para o "tribunal", que também pode ser a própria consciência. Evitar essa dinâmica é, portanto, a tarefa para acalmar a sensação de vingança, para que possamos segurar o escudo do nosso ódio e nos proteger com ele. É o que nos ajuda a obter uma distância saudável do outro.

Eis o *segundo passo* na transformação do ódio: percebo o seu impulso e me distancio conscientemente do outro. *Demarcação de distância.* Exemplificando: a uma mulher que odiava seu marido alcoólatra, eu disse: "Há um impulso em seu ódio: 'Quero minha vida. Não permito que meu marido destrua a minha vida'". Se essa mulher viver esse impulso e deixá-lo entrar em contato com sua força interior que, em vez de se voltar contra o outro, nutre-se pela ambição de viver, o ódio se transformará gradualmente. Se o fato se repetir ela se lembrará: "Eu quero viver a minha vida. Eu cuido de mim mesma. Eu tenho um grande poder em mim. Não volto mais contra o outro, mas desdobro-me em vivacidade, em desejo de vida. Desdobro as possibilidades e habilidades que Deus me deu".

Portanto, devemos transformar o poder que está nesse sentimento em força positiva, em nosso próprio poder, para nos livrarmos da impotência que tantas vezes leva à violência.

Esse caso também pode ser observado em crianças. As crianças que foram humilhadas e profundamente magoadas por seus pais ou professores sentem ódio como uma reação ativa. Não ficam deprimidas, mas odeiam seus pais. Isso é mais saudável do que deprimente. Elas não devem ficar presas no ódio, caso contrário se machucarão, mas não devem ser culpabilizadas e nem sentir o peso de culpa por terem esse sentimento. Elas precisam disso para se proteger da agressão dos pais ou educadores e construir um muro que os outros não possam penetrar. Mas devem transformar o ódio em uma força construtiva para moldar suas vidas e também sentir o amor ferido por trás do ódio, que é o outro lado do amor. Se eu nunca amei alguém também não irei odiar. Ódio é amor perdido. Portanto, é importante para as crianças perceberem seu próprio amor por trás do ódio por seus pais. E nesse amor também podem descobrir lados positivos do pai ou da mãe. A mulher que, quando criança, presenciou seu pai espancando seu irmão descobre que ele, seu pai, estava de coração partido, passando sua mágoa e humilhação para o filho. Assim, ela percebeu através de seu ódio o quanto ele sofria. Isso gradualmente transforma o ódio em pena. E, por meio do ódio, ela descobre as boas raízes que recebera de seu pai.

Vendo o inimigo com outros olhos. Jesus nos recomenda amar o inimigo em vez de odiá-lo. Coisa bem difícil. Muitas pessoas me dizem: "Isso é um desafio. Não vou conseguir". Minha resposta é: "Você não precisa conseguir, mas pode tentar". Em Lucas, Jesus nos mostra três maneiras de transformar o ódio em amor.

O *primeiro caminho*: "Fazei o bem aos que vos odeiam" (Lc 6,27). A versão grega diz: "Faz o bem, age lindamente (*kalos*) com aqueles que te odeiam". Só posso fazer isso se vejo o bem no outro. A hostilidade costuma surgir por meio da projeção. O outro me odeia pelo que ele realmente odeia em si mesmo; ele projeta o que não pode aceitar em si mesmo e luta comigo. Amar o inimigo significa, antes de tudo, olhar para ele com outros olhos. Eu também vejo nele o homem ferido que anseia pelo bem nas profundezas de sua alma. Ao tratá-lo bem, tratando-o de uma maneira boa e bela, seu ódio pode se transformar. Essa bela ação não tem nada de passiva. Eu não me resigno com o ódio do outro nem permaneço como vítima do seu ódio. Transformo seu ódio vendo o bem nele e, portanto, tratando-o bem; assim, faço aflorar o bem nele.

O *segundo caminho* de transformação é a bênção. Devemos abençoar quem nos fere e fala mal de nós. "Falai bem dos que vos maldizem" (Lc 6,28). Às vezes peço aos participantes dos cursos que pensem *O poder da bênção e intercessão.* em uma pessoa que os feriu, pela qual têm sentimentos negativos. Então eles devem levantar as mãos para a bênção e deixá-la fluir através de suas mãos para essa pessoa. Os participantes geralmente têm experiências muito boas com esse exercício. "A bênção age como um escudo para mim. O outro não pode mais me alcançar com sua agressão. A bênção me protege do seu ódio e eu saio do papel de vítima. Respondo ativamente com a bênção colocando uma energia positiva contra a energia negativa que vem para mim. Isso transforma meus sentimentos. O ódio vira compaixão e não mais sou vítima do ódio, mas alguém que abençoa o outro, que lhe deseja bem. Isso também transforma minha visão do outro. Ele não é mais meu inimigo, mas uma pessoa abençoada por Deus e a quem desejo que esteja em paz consigo mesmo".

O *terceiro caminho* é descrito assim: "Falai bem dos que vos maldizem e orai por quem vos calunia" (Lc 6,28). Orar pelo outro é como uma bênção. Essa oração tem o caráter de intercessão; ora-se pelo outro para que suas feridas sejam curadas. A intercessão funciona assim: direcionamos o outro a Deus como ele é, com seu tumulto interior, para que o Espírito de Deus flua em seu caos interno, transforme-o e o cure, para que ele possa ficar em paz consigo mesmo.

Através de oração e bênçãos ocorre a metamorfose. Em princípio, essa transformação só atua em nós mesmos, pois só podemos nos modificar. Mas nossa atitude transformada também mudará o outro; de repente ele poderá me achar mais amigável. Jesus nos deu um bom exemplo disso: "Se alguém te obrigar a carregar-lhe a mochila por um quilômetro, leva-a por dois" (Mt 5,41). Os soldados romanos tinham o direito de forçar qualquer judeu a caminhar uma milha com eles, levar sua bagagem ou mostrar-lhes o caminho. Muitos o fizeram com um profundo ódio pelos soldados. Seu ódio provinha de sua impotência contra a ocupação. Mas se, em vez de uma milha, um judeu caminhasse duas com um soldado romano, poderia se tornar seu amigo pelo caminho. De repente, um novo relacionamento poderia nascer.

Quando as pessoas se auto-odeiam. Já falamos sobre o auto-ódio. Esse sentimento é muito mais forte do que a raiva. Alguns me dizem: "Às vezes eu me odeio. Eu me odeio quando persisto repetidamente em erros. Detesto ser tão sensível a ponto de às vezes reagir tão mal a certas palavras do meu parceiro".

Quando uma pessoa diz algo assim, eu sempre lhe pergunto: "Quem você odeia realmente?" Ou: "Por que você se odeia?" Muitas vezes a pessoa que se odeia tem uma imagem muito específica de como deveria ser, mas sente que não está de acordo com essa imagem, passando a odiar-se. Esse ódio pode ser um estímulo para se afastar dessas imagens preconcebidas, reconhecendo a realidade: "Eu sou o que sou: sensível, suscetível, agressivo, cheio de ódio, cheio de impotência". É doloroso ser tão realista. Portanto, às vezes é preciso humildade para se auto-observar honestamente. E isso requer misericórdia, devendo-se tratar com compaixão. Uma boa prática é abraçar a si mesmo com todos os lados negativos, com todo o caos interior e imaginar como o amor de Deus penetra nessas áreas sombrias da alma, deixando o amor fluir delas. Assim, lentamente é possível sair do círculo vicioso do ódio. Tentando entender o porquê de ser assim, a pessoa não se julga, mas se abraça. Dessa forma, tudo o que ela odeia pode se transformar. Assim, perceberá que romperá com o círculo vicioso e que é muito melhor se abraçar do que se odiar.

Outra coisa é quando percebemos que outra pessoa nos odeia. Isso dói. Uma reação sensata é *A autoproteção é importante.* refletir se ferimos essa pessoa. Mas, se concluímos que a tratamos com justiça, o melhor é deixar o ódio com ela. Não devemos nos rebaixar e nos ajustar somente para agradá-la. Isso não faria a nenhuma das partes. Podemos nos perguntar: "De qual mal essa pessoa está padecendo para me odiar tanto?" Será que ela sente-se inferior a mim?" "Será que eu a faço ver algo que odeia em si mesma?" Até podemos tentar entender o ódio do outro, mas temos de deixar o ódio com ele, sem nos deixarmos afetar. É importante nos protegermos muito bem do ódio alheio.

Deus também pode ser "vitimado" pelo ódio. Uma mulher, à beira do desespero, disse-me: *O ódio a Deus.* "Rezei tanto para que minha mãe se recuperasse, mas ela morreu. Foi aí que odiei Deus". Eu lhe respondi: "Seu ódio a Deus é uma expressão do seu desapontamento em relação a Ele. Deus não é o que você idealizou. Você sempre rezou, mas não foi poupada de muitas doenças. A questão é como lidar com esse ódio a Deus".

Esse tipo de ódio nos desafia a abandonar ideias preconcebidas de Deus, pois Ele é incompreensível. Muitas vezes associamos Deus ao pai humano. Esse tipo de ódio nos convida a imaginar o verdadeiro Deus, aquele que não pode ser compreendido. Nele, podemos dizer, há dois aspectos: o pessoal e o impessoal. O ódio sentido é em relação ao Deus pessoal, tão diferente de como o imaginávamos. Portanto, esse sentimento também é um convite para imaginar o Deus suprapessoal, em várias frentes. Podemos, por exemplo, perceber um pouquinho de sua grandeza na beleza da criação, no calor do sol, na ternura do vento... Assim, esse sentimento de ódio deve me levar a ter uma nova imagem dele, que opera através de tudo, que se comunica na criação, que está em mim como o mais profundo segredo e a razão mais profunda da minha alma.

Ritual

Pense na pessoa que mais o magoou ou em quem você mais odeia. Talvez não encontre uma pessoa que realmente odeie. Nesse caso, você pode ser grato. Então, procure alguém que o magoou, que o ofendeu. Talvez você também encontre alguém que o odeia. Fique de pé e levante as mãos, mantendo-as abertas para frente. Imagine que por meio delas a bênção de Deus flui imediatamente para quem você odeia ou para quem o odeia. Mantenha esse gesto por cinco minutos. Você pode sentir resistência no começo, mas talvez também possa experimentar esse gesto como uma proteção. A bênção lhe protege do ódio ao outro ou do outro, e você sente a bênção de Deus fluir para si através do outro. Você não é a vítima; você reage ativamente; você envia ao outro uma energia ativa. E talvez você possa, depois da bênção, olhar para essas pessoas com outros olhos. O outro não é mais aquele que o magoou ou o odeia. Ele também é uma pessoa abençoada, alguém que vive sob a bênção de Deus.

12
Reconhecer mágoas antigas
em OFENSAS

As situações podem ser bastante diferentes, *Sair do espaço do insulto.* dependendo da constituição mental da pessoa. Os casos nem sempre abordam coisas "grandes". Exemplifico citando algo ocorrido durante um curso no mosteiro. No jantar, uma mulher, que era uma "convidada individual do mosteiro", quis sentar-se a determinada mesa. Educadamente lhe foi dito que aquela mesa era destinada apenas aos participantes do curso, e não aos convidados individuais. Embora a explicação tenha sido dada de maneira muito amigável, ela se ofendeu. Outro exemplo: no dia a dia de um casamento o esposo não divide com a esposa as preferências do casal, fazendo unicamente o que ele quer. Essa esposa fica com a sensação de que seu marido não tem empatia suficiente para com ela. Sentindo-se "passada para trás", ela reage amargamente. Ainda um outro exemplo em relação ao casamento: o marido é ofendido com uma palavra descuidada. Sendo incapaz de falar sobre aquilo que lhe feriu, e cai num "silêncio insultuoso". Essa atitude gera um círculo emocional vicioso: a mulher reage agressivamente ao silêncio do marido, que por sua vez aumenta. Ela o acusa de exercer poder com seu insulto, de paralisá-la, de ela não saber o que fazer. Então surgem frases típicas como: "Você está se escondendo por trás do insulto". "Não consigo me comunicar com você".

Uma forma de exercer poder. Há pessoas que não têm "casca grossa", sendo mais vulneráveis e sensíveis. Um outro grupo delas sente-se ferido rapidamente, sendo ainda mais sensíveis. Citamos ainda aqueles que sofrem com sua sensibilidade, não se sentindo bem por não conseguirem superar o insulto, mas se acomodam nesse sentimento. Assim, o silêncio é estabelecido no relacionamento. Outros são, por assim dizer, estrategistas: "Se estou ofendido, espero que o outro se desculpe. Quero que ele se curve". Nesse caso, talvez a pessoa esteja querendo sair do *espaço do insulto*. Há uma estratégia de se manter em atitude ofendida em vez de encarar o conflito. Qualquer um que se retrai assim bloqueia a conversa honesta sobre os problemas que causaram o conflito. A pessoa se torna inatacável, exercendo poder. Dessa forma, transmite a culpa ao outro: "Ele é tão cruel quando me fere..."

Qual seria a saída para essas situações? Quando nos vemos envolvidos nelas, podemos agir de várias maneiras, pois até mesmo um insulto pode mostrar como podemos transformá-lo em bom sentimento.

Detecção e esclarecimento precisos são úteis. O *primeiro passo* para transformar um insulto é olhar de perto: "O que me magoou tanto?" "O que me ofendeu?" "O outro atingiu meu ponto crítico?" Sinto-me desvalorizado por aquelas palavras ou comportamento?" "O outro se coloca acima de mim?" "Sinto que seu comportamento é injusto e amargo, que ele não se importa comigo nem com os outros; que ele só quer se concentrar em si mesmo?" Agindo assim, estou tentando entender o insulto.

O *segundo passo* é dizer à outra pessoa que me sinto ferido. Assim, posso tentar explicar-lhe o que me magoou tanto. Não agressivamente nem em sentido acusatório; somente a informo que suas palavras ou seu comportamento me magoaram. Então, essa pessoa poderá perceber a dimensão de seu comportamento. Dessa forma, ela terá a possibilidade de mudar seu comportamento e manifestar seu arrependimento. Mas também há pessoas que se defendem e ferem ainda mais os feridos, acusando-os de ser hipersensíveis, que interpretam tudo negativamente e se sentem magoados em tudo. Se o outro se defende e ataca, torna-se difícil procurar uma conversa esclarecedora. Nesse caso só resta reconhecer o próprio sentimento: "Me feriram, sinto-me ferido. Não importa como a outra pessoa interpreta isso".

Um importante modo de nos livrarmos desse sentimento negativo é nos distanciarmos da dor. Eu percebo a dor, mas eu não sou apenas dor. Tento *Ganhando distância internamente.* me afastar internamente dela. Assim, poderei lidar com ela e me libertar do seu poder. Eu não escapo dela nem a nego; tomo-a como algo verdadeiro e sério, mas é apenas parte do que ocorre em mim. Então vou da dor para o espaço indolor da minha alma e tento ficar lá. Desse espaço indolor posso olhar para meus sentimentos de insulto e me afastar deles.

Como se pode imaginar esse espaço indolor? E como podemos alcançá-lo? Não se trata de uma autoilusão, ignorando a real existência da dor. Na verdade, não é fácil descrever essa dinâmica que nos ajuda a lidar com nossas emoções na vida cotidiana. Vou tentar. Quando alguém me pergunta a respeito, sugiro que imagine: "Na área do peito você sente sua raiva, seu ciúme, seu insulto. Mas passe por essas emoções conscientemente. O que você está passando? Você só se depara com emoções? Estou convencido de que, por trás de suas emoções há um espaço no qual elas não têm acesso. Os místicos se referem a isso como o 'fundo da alma', que está por trás de todos os pensamentos e sentimentos. Catarina de Sena fala de 'célula interna'. Imagine, então, que lá no fundo do seu ser exista uma célula que você pode fechar para que ninguém entre; que não haja sentimento algum. Não é possível provar nem mostrar esse espaço indolor. Apenas tente vê-lo em você. Isso ajuda muito. Se ficamos com raiva numa reunião, se nos sentimos magoados ou mesmo ofendidos, imaginemos: 'Sim, todos esses sentimentos estão em mim. Eu os admito. Mas por trás deles está meu espaço interno, meu quarto particular, no qual não deixarei ninguém entrar. Eu me sinto bem com isso. Eu sou indolor'".

A distância permite a aceitação da emoção.

Em relação a esse ponto faço a seguinte experiência: o espaço interior me dá a sensação de que o insulto não me domina completamente. É só uma parte de mim, mas a outra parte está livre disso. Essa distância interior me permite aceitar a emoção. Isso é o primeiro passo. O próximo passo consiste na minha reconciliação com o meu lugar sensível, reconhecendo que passo por momentos sensíveis nos quais posso exagerar com certas palavras. Ou tenho, por exemplo, uma ferida antiga já superada, mas surge novamente devido a palavras amargas. Esse passo demora mais para ser trabalhado e não posso passar para novas etapas antes de concretizá-lo. Se ganhei distância da minha dor, tenho condições de olhar para aquela velha ferida, sentindo mais uma vez a dor que a ela ocasionou. Então, posso entregar essa ferida a Deus, para que seu amor possa fluir para ela e transformá-la. Assim, paro de me repreender por estar ofendido e também evito repreender aqueles que me feriram. Em vez disso, meu sentimento se torna um convite para ver minha história de vida com seus ferimentos e me reconciliar com ela. Quando o amor de Deus flui para a velha ferida, ela não me incomoda mais. Pelo contrário, torna-se a porta de entrada para o Espírito e para o Amor de Deus. E quanto mais eu os deixo fluir para a velha ferida, mais eficaz será a transformação. Então, a cicatriz poderá permanecer, mas deixará de ser uma ferida; estará curada.

Sem dúvida, é de grande valia poder falar uns com os outros sobre nossas feridas e nossa sensibilidade. *A compaixão transforma a dor.* Quem fala sobre suas feridas com um conselheiro espiritual ou com um terapeuta, por exemplo, se distancia delas e passa a se sentir entendido. Assim, percebe que não está sozinho com sua dor. O outro também a sente, e essa compaixão pode transformar a dor. A pessoa passa a se sentir amada exatamente como é, levando-a a se amar aceitar, em vez de se condenar por sua sensibilidade.

Ritual

Pense numa ocasião em que você foi ofendido. Lembre a forma como você reagiu, depois sinta-se novamente nessa situação. Como foi esse sentimento? O que o ofendeu tanto? Então considere: O que eu queria dizer ao outro com aquela reação? Havia agressão ou desejo de revidar, vingar-se, jogando-o no desamparo? Não julgue seu insulto, mas tente sentir seu interior e descobrir todos os aspectos relacionados àquele insulto. No final dessas reflexões você provavelmente irá sorrir ao perceber como foi inteligente para se proteger ou mostrar seu poder aos outros. Esse reconhecimento sem julgamento convidará você a considerar formas mais maduras de reação.

13
Lide criativamente com sua TRISTEZA

Sentimentos tristes fazem parte da vida. A tristeza não é uma doença; sentimentos tristes pertencem aos humanos. Existem muitas situações nas quais reagimos com tristeza. Se uma pessoa querida morre, pode ser que eu caia num fosso de pesar, que a dor me domine. Mas também fico triste quando me desaponto com uma pessoa, quando perco alguma coisa, quando falho ou fracasso, quando fico com raiva numa conversa e quando a conversa dá errado. Depois de uma briga posso continuar a me sentir mal, mesmo após a reconciliação, sendo que esse sentimento de profunda perturbação pode levar alguns dias. Igualmente fico triste quando me desaponto com alguém, quando descubro as fraquezas de meu pai ou de minha mãe, por exemplo; quando um amigo falha comigo ou me magoa, quando vejo pessoas idosas presas numa amargura muito profunda e não conseguem sair disso. Mas, às vezes, também sinto tristeza em mim sem saber por quê: "Eu sou assim mesmo. A tristeza me envolve sem que eu saiba o motivo".

Tristeza e melancolia. Os antigos monges distinguem tristeza (*lipe*) de luto (*penthos*). A tristeza é mais uma autocompaixão. Segundo Evágrio Pôntico, o surgimento da tristeza nos leva aos desejos infantis. Como a vida não realizou esses desejos, reagimos com lágrimas, como uma criancinha. Assim, sempre daríamos voltas em torno de nossos desejos insatisfeitos e mergulhamos em autopiedade, sempre do mesmo jeito. Essa tristeza está ligada ao passado e não pode enfrentar o presente.

O luto, por outro lado, é a prontidão para passar pela dor devido a desejos não realizados e alcançar o fundo da alma, onde estamos em paz conosco. Trata-se de entrar no espaço interior do silêncio, onde Deus vive em nós e nos encontramos em harmonia com o nosso verdadeiro eu. Com o termo "trabalho de luto", a psicologia descreve um modo importante de nos despedirmos das ilusões sobre nós mesmos e sobre nossa vida, aceitando o que se apresenta.

A palavra alemã *traurig* (triste) está ligada à ideia de afundar, tornar-se monótono, torna-se impotente, cair. Triste é, portanto, aquele que afunda a cabeça, que não tem chão sob seus pés, que afunda em sua tristeza.

Sentimentos tristes são inerentes a nós. *Melancolia e criatividade.* Quando cantamos canções folclóricas geralmente há alguma tristeza, alguma melancolia. Na Idade Média a melancolia era tida como um sentimento positivo. E mais, acreditava-se que os artistas transformavam a melancolia em algo criativo, sendo uma fonte da qual as obras podiam ser moldadas. Nesse sentido, a arte sempre foi sinônimo de transformação da melancolia em criatividade. E a música sempre foi considerada transformação da tristeza e da melancolia. – Ao expressarmos nossos sentimentos tristes por meio do canto, eles se transformam; pois, ao cantar, entramos em contato com a razão interior da alma, onde existe uma fonte de alegria e amor.

Expressão libertadora. Uma maneira importante de transformar a tristeza é expressá-la, e existem possibilidades criativas para fazê-lo, quer seja cantando ou falando. Assim, ao expressarmos aos outros os nossos sentimentos de tristeza, estes podem ser alterados. Mas isso depende de como falamos desses sentimentos. Nossa fala pode ser a expressão de nossa humildade, reconhecendo que, apesar do sucesso e da prática espiritual, temos sentimentos tristes. Mas, se apenas lamentarmos, nossa tristeza ficará na mesma. Neste caso, nos fixaríamos na narração, ficaríamos presos em nossa autopiedade. Somente se conversarmos abertamente, dando ao outro a oportunidade de responder e expressar sua impressão, nossos sentimentos poderão mudar. Ouvir os outros também faz parte da conversa, como também lhes dizer honestamente o que se passa em nossa alma. Isso nos liberta da autopiedade.

A expressão dos sentimentos tristes também pode ser feita por meio de desenho. Podemos, por exemplo, desenhar no papel toda a nossa escuridão. Dessa forma nos distanciamos da tristeza. Em seguida podemos olhar e pensar em nosso caos interior passado para o papel. "Isso eu tirei do meu interior, e fiquei mais controlado. Eu mesmo posso ver e passar aos outros. Estou bem". Outra maneira de expressar a tristeza é por meio da música. Uma mulher me disse: "Eu gosto de tocar melodias tristes ao piano. Fico quieta por dentro, fico bem". Pode-se expressar os sentimentos não apenas ao piano, mas também com o violino ou o violoncelo, por exemplo. Isso pode ser feito com partituras, escolhendo peças que nos façam bem, incluindo tristeza e alegria. – Mozart sempre imprimiu os dois polos em sua música; suas melodias se apresentam cheias de tristeza e depois se dissolvem em passagens felizes. Também podemos improvisar, tocando o que vai em nossa alma. E assim a tristeza muda, pois não suprimimos nada, expressando tudo em forma de som.

Existem, é claro, formas psicológicas e métodos psicologicamente orientados para transformar a tristeza. Mas um modo espiritual de fazê-lo *O caminho espiritual da transformação.* é entrarmos no fundo de nossa alma. Esse foi um bom caminho para mim. Eu mesmo às vezes vivencio esse sentimento de tristeza, por exemplo, no domingo à tarde, quando estou sozinho em meu quarto. Muitas vezes é a tristeza de estar sozinho. Então imagino: sinto a tristeza no coração e em toda a área do peito. Aí, com minha imaginação, passo pela tristeza e me imagino avançando para a região pélvica. Ali imagino o que ocorre em minha alma. E, no fundo da minha alma, sinto paz e amor. A tristeza não desaparece facilmente, mas sinto que ela não me controla e me leva ao fundo da minha alma. Lá concordo comigo, com a minha vida e também com a minha solidão. Então, de repente, sinto-me um com todas as pessoas, e também como muitas pessoas se sentem solitárias naquele momento. Assim, não me sinto mais sozinho, não estou mais triste. Sinto-me um com Deus, e essa união com Ele abre em mim uma vastidão interior e uma alegria silenciosa.

Esse estado da alma corresponde ao espaço indolor. Só podemos falar sobre esse espaço mediante imagens simbólicas. É claro que há o perigo de, ao fugir do sentimento de tristeza para esse espaço interior, ignorarmos o corpo, o que inclui as emoções, e assim nos limitarmos à mente. Para evitar esse perigo é importante que sintamos a tristeza de fato e a aceitemos, sem escapar espiritualmente de um modo abrupto.

A Bíblia também fala sobre a transformação da tristeza. Na Segunda Epístola aos Coríntios, Paulo escreve sobre os diferentes tipos de tristeza e sobre sua *Tristeza piedosa e anseio.* transformação. Ele ficou entristecido pelo conflito que teve com os coríntios e lhes escreveu uma carta que os deixou tristes porque ele expressou sua própria mágoa. No entanto, ele diz que foi bom os coríntios terem ficado tristes porque isso os levou a mudar sua atitude e a entendê-lo e aceitá-lo. Então, Paulo distingue a tristeza divina daquela que corresponde ao pensamento mundano: "Realmente, a tristeza segundo Deus produz arrependimento sincero que leva à salvação, mas a tristeza segundo o mundo produz a morte" (2Cor 7,10). A tristeza piedosa ou divina reconhece que o mundo não pode realizar nosso mais profundo anseio; ela expressa o anseio por Deus. O mundo com seus conflitos nos decepciona e entristece; assim, a tristeza é um desafio para buscarmos nosso conforto em Deus. A tristeza mundana é a tristeza causada pelo fato de o mundo não satisfazer nossos desejos infantis. Se ficamos presos a isso, sempre nos fixamos nos desejos não realizados e nos recusamos a encarar a vida. E negação da vida é a morte; morremos por dentro, não vivemos realmente.

Para Paulo, a questão é transformar a tristeza mundana em tristeza piedosa. Ele descreve o que a tristeza piedosa dos coríntios operou: "Vede, pois, que solicitude causou em vós a tristeza, segundo Deus! E mais ainda: Que desculpas! Que indignação! Que temor! Que saudades! Que zelo! Que severidade! Mostrastes em tudo que não tínheis culpa nesse assunto" (2Cor 7,11). Assim, através da tristeza narrada na carta, os coríntios foram levados a se distanciar do ofensor que tão injustamente atacou e caluniou Paulo, para se desviarem dele e, por fim, puni-lo. Porém, ainda mais importantes são as outras posturas que causaram tristeza nos coríntios. Esse sentimento fez com que eles ficassem ansiosos para agir bem e corrigir a situação na Igreja. A tristeza causou medo neles. Não um medo comum, mas a vontade de serem tocados pela necessidade dos outros, a dor que Paulo lhes revelou; a tristeza os levou ao contato com o desejo dos outros. – O desejo, em última análise, sempre significa o anseio por Deus. De repente, eles sentiram que os conflitos interpessoais os libertaram da ilusão de que poderiam se sentir confortáveis e em perfeita comunhão. A tristeza fez com que eles sentissem o desejo de que Deus satisfizesse os seus desejos mais profundos, e que somente em nele existe a verdadeira paz e a felicidade.

Todos nós temos a tendência de camuflar nossa tristeza no trabalho. Quando conscientemen- *Não devemos ultrapassar nada.* te percebo minha tristeza e respondo a ela com uma atividade, isso é bom. Mas se eu camuflá-la instantaneamente, assim que aparece, e encobri-la com atividades, não me sinto bem, pois estou fugindo de mim. Se, como já disse, sinto tristeza no domingo à tarde, posso admiti-la e passar por ela. Também posso dizer: "Sim, estou triste, mas vou fazer agora o que gosto: vou dar uma volta ou escrever alguma coisa". Isso pode transformá-la. Mas se imediatamente transformo a tristeza em atividade, estarei sendo precipitado. A questão é saber transformá-la, seja passando por ela ou respondendo conscientemente com algo que seja bom para a minha alma e o meu corpo.

Ritual

Sente-se num lugar solitário e fique com você mesmo. Com sua consciência, vá ao seu coração e à área do peito. Aí sinta que também há sentimento de tristeza. Entre nessa tristeza. Como você a está sentindo? Depois passe por ela, imaginando que apenas preenche a área do peito; porém, não afeta mais a intuição. Desça para o abdômen e depois para a área pélvica, e imagine: "No fundo da cisterna entro em contato com o chão da minha alma, com o espaço interior do silêncio. Nesse espaço a tristeza não entra". Lá você encontrará a paz interior; é um espaço de amor onde você pode se sentir em casa. Então abra esse espaço para todas as pessoas. Lá no fundo de sua alma você está conectado a todas as pessoas. Preste atenção a esse sentimento de conexão com todos, especialmente aqueles que se sentem solitários. Então seu coração se expandirá e a tristeza se transformará em paz, em acordo com sua vida e em sentimento de profunda união e associação com tudo: consigo mesmo, com Deus, com todas as pessoas e com toda a criação.

14
CUIDADO E PREOCUPAÇÃO podem ser transformados

Jovem ou velho, todo mundo se preocupa. O *Preocupações* futuro é sempre incerto, arriscado; ninguém sabe o *pertencem à vida.* que vai acontecer. Claro que podemos planejar, mas o futuro permanece incerto. Quanto mais difícil for administrar a incerteza, mais preocupados ficaremos. Ela faz parte da existência humana, pois não temos controle sobre nossa saúde, nosso tempo de vida ou a saúde de nossos filhos. Não são apenas os problemas maiores que nos afligem; o dinheiro preocupa, por exemplo, quando se perde inesperadamente o emprego, há dívidas a serem pagas e os filhos ainda estão estudando. Há pessoas fixadas na incerteza de como será sua velhice. Os casais jovens se perguntam: "Nosso relacionamento sobreviverá à crise? Pode se tornar permanente e firme?" E, se esperarem um filho: "O bebê será saudável ou haverá complicações?" "Como vamos educá-lo?" "Podemos imaginar como uma criança viverá neste mundo inseguro?" Os pais se preocupam para que nada aconteça com seus filhos e em educá-los bem. De fato, existem as chamadas crianças problemáticas: difíceis na adolescência, complicadas na escola ou têm má companhia. "No que isso vai dar?" "Pode acabar mal?" Preocupações são coisas da vida, e a existência já é, em si, uma preocupação. O filósofo Martin Heidegger definiu o homem como alguém que se preocupa. O estar no mundo significa cuidar de si e da própria existência, e a preocupação não deixa o homem descansar. Mas não podemos fugir da preocupação; simplesmente somos e ficamos preocupados, gostemos ou não. Nós não podemos tirar a preocupação de nós, mas somente transformá--la. A questão é como.

O que a linguagem diz. A palavra alemã *Sorge* (preocupação) baseia-se no significado básico de *Kummer und Gram* (tristeza e aflição). A preocupação não é agradável, causa tristeza. Em russo, a palavra *soroga*, relacionada à preocupação, tem a conotação de pessoa ranzinza; ou seja, se a pessoa se preocupa demais, fica irritada, não pode lidar bem consigo mesma. A preocupação também pode ser vista, na linguagem, como uma doença. "Se você se preocupar muito, ficará doente, não poderá mais descansar". Mas, com o tempo, o significado negativo de preocupação mudou. – Devemos trabalhar diligentemente, fazer provisões, tratar os outros com cuidado. *Sorge* (cuidado ou preocupação) se refere originalmente àquele que não tem nada além de marcas de preocupação na face. Mas, com o tempo, adquiriu também o significado de "precisão e consciência". Talvez o significado transformado da palavra expresse igualmente mudança de atitude. Para o homem medieval – bem como para o homem antigo, como para o homem da Bíblia – a preocupação era bastante negativa. – Nós somos muito preocupados, dificultamos a vida com nossas preocupações. Mas na idade moderna a preocupação ganhou conotação positiva. Quem se importa será cuidadoso, fará algo pelos outros, trabalhará corretamente e bem. Por exemplo, quem cuida de um bebê fará de tudo para mantê-lo saudável.

Uma importante maneira de transformar as preocupações é a oração. Nela depositamos em Deus todas as nossas preocupações. Não enterramos a cabeça na areia nem reprimimos as nossas preocupações, mas as deixamos para Deus. Isso pode transformar a preocupação em confiança, e a oração por uma pessoa é uma expressão de amor. Porque a amo, rezo por ela. Na preocupação, também sinto minha impotência. "Tenho tantas preocupações de não poder garantir o bem-estar dos meus filhos". "Não posso garantir minha saúde". "Não posso garantir nada neste mundo". A preocupação surge quando nos importamos com algo ou alguém. Mas quando expressamos nossa preocupação na oração, isso pode transformá-la.

A transformação que acontece na oração.

Para muitos, as palavras bem-conhecidas de Jesus parecem despreocupadas. Mesmo que muitos não as compreendam, vale retomá-las: "Não vos preocupeis com vossa vida, com o que comereis; nem com o corpo, com o que vestireis. Não será a vida mais do que o alimento e o corpo mais do que as vestes? [...] Quem de vós, com suas preocupações, pode aumentar a duração da própria vida em sequer um momento?" (Mt 6,25.27). É uma espécie de poema educativo. A palavra da versão grega para preocupação (*merimna*) significa a preocupação de cuidar, a expectativa ansiosa de algo, o medo de alguma coisa, remetendo às preocupações angustiantes e perturbadoras das quais o homem está sujeito. Jesus não sugere que as pessoas fiquem sem fazer nada. Quando Ele fala dos pássaros do céu, que não semeiam nem colhem, faz uma ligação à atividade do agricultor, que precisa continuar a trabalhar, mas não se preocupar. Ele deve confiar que Deus abençoa o trabalho de suas mãos. Com seu trabalho, o agricultor não pode influenciar o clima; portanto, deve confiar em Deus

Jesus e a despreocupação.

para dar ao que ele faz uma boa estrutura, para o seu trabalho ter sucesso. Devemos sempre lembrar o que realmente importa: "Buscai, pois, em primeiro lugar o Reino de Deus e sua justiça, e todas as coisas vos serão dadas de acréscimo" (Mt 6,33). Não se trata de deixar de planejar nossa existência terrena com responsabilidade; deve-se tomar precaução e procurar proteção. Mas a questão é o que deve estar em primeiro plano. Se olharmos unicamente para o nosso sucesso e segurança, iremos, por exemplo, trabalhar cheios de medo, que, por sua vez, vai atrapalhar e paralisar o nosso trabalho. Confiar em Deus, estar focado em seu reino, nos dá a liberdade de nos dedicarmos ao trabalho sem nos preocuparmos. Se Deus me governa, estarei livre de preocupações descontroladas. Jesus não quer nos impedir de cuidar de nossa família, de nosso mundo e de nosso futuro, mas sabe que a preocupação desmedida obscurece nossa mente.

A incerteza permanece. Ao retrabalharmos nossas preocupações não ficaremos imunes à incerteza e ao risco. A situação externa permanece, e não podemos mudar isso. Mas podemos nos libertar do peso das preocupações angustiantes. Nunca estaremos completamente livres de medo e preocupação, mas o fator decisivo é que podemos olhar para Deus quando esses sentimentos nos atacam e confiar nele. O anseio por confiança já é confiança. Devemos confiar nisso.

Ritual

À noite, sente-se confortavelmente e se pergunte: "Com o que me preocupei hoje?" "Com quem me importei?" "Com o que estou preocupado agora?" "Com quem estou me preocupando?" A seguir, pergunte-se: "As preocupações que tive hoje resultaram em algo positivo?" "Consegui o que queria?" "Percebi que Deus cuidou de mim, que Ele conduziu tudo para o melhor?" Se você estiver preocupado nesse momento, tente confiar a Deus suas preocupações, para que Ele cuide de você. A seguir, entregue a Deus as pessoas que você ama. Imagine que elas estão sob a proteção dele, e que um anjo as acompanha, libertando-as dos desvios e dos caminhos errados.

15
Há uma força positiva na VERGONHA

A exposição perturba.   A vergonha tem muitas faces, mas algo conecta situações diferentes nas quais esse sentimento é experimentado: aquele que tem vergonha se sente exposto, questionado em sua dignidade; algo que gostaria de esconder, ou algo íntimo, é trazido à luz do dia. Temos vergonha quando nossa má conduta se torna pública ou uma falha passa a ser conhecida. Ela está associada ao relacionamento humano. Assim, por exemplo, ficamos constrangidos quando as pessoas percebem algo que obscurece ou destrói nossa imagem. Um pai de família, por exemplo, sente vergonha por ter perdido o emprego. – Ele que representava constância, saindo diariamente para trabalhar. Um homem forte passa a sentir vergonha depois que teve derrame, pois não é mais o mesmo. Mas o sentimento de vergonha também pode ser experimentado em situações aparentemente simples, como ficarmos rubros quando percebemos que dissemos sem querer algo que nos desconcerta; sentirmos vergonha do nosso corpo, porque ele não se adapta aos padrões de beleza, as pernas são muito curtas, o estômago avolumado, o cabelo muito fino ou coisa que valha. Disfarçamos o motivo de nossa vergonha quando engordamos e tentamos esconder o fato com determinado tipo de roupa; quando penteamos nosso cabelo de outra forma para disfarçar o início de calvície. Enfim, fazemos de tudo para impedir que os outros nos vejam de maneira negativa.

Também mencionamos os incidentes que deixam traços profundos e duradouros. Por exemplo: uma criança de 10 anos que vive num colégio interno sofre quando seu problema de enurese noturna é exposto diante dos colegas. O ato de envergonhá-la é uma punição, privando-a de sua dignidade. Na vida cotidiana esse tipo de violência pode acontecer repentinamente, como o chefe que critica determinado funcionário na frente dos colegas, que gostaria de se enterrar no chão. Ou, para dar um exemplo da área política: um funcionário de determinado ministério forçou um jovem a dar informações sobre um amigo. Agora os arquivos estão abertos para inspeção e qualquer um pode vê-los. Ele percebeu sua má conduta, sua culpa, lamenta seu comportamento, mas a vergonha o oprime, se avoluma. E esse é um sentimento que sempre dói.

A palavra alemã *Scham* (vergonha) remonta à raiz indo-europeia *kam/kem zurück*, que significa recuar, cobrir, ocultar o significado. Se o "s" é prefixado em *skam*, significa cobrir-se, esconder-se. A palavra *Scham* (vergonha) tem a ver com *Shande* (indignidade ou vexame). Se sinto algo como vexame, sinto vergonha. Em alemão, distinguimos a vergonha como uma situação de vida discriminatória e o vexame como uma emoção subjetiva. Em hebraico é uma coisa só. Na Bíblia, a vergonha é sempre a expressão de uma situação de vida culpável, um vexame que causamos pela culpa.

> *A vergonha tem algo a ver com a indignidade.*

A palavra "vergonha" aparece na história da criação bíblica: "Tanto o homem como a mulher estavam nus, mas não se envergonhavam" (Gn 2,25). Esse é o estado paradisíaco. Ambos podem aceitar sua nudez. Mas depois da queda: "Então os olhos dos dois se abriram; e, vendo que estavam nus, teceram para si tangas com folhas de figueira" (Gn 3,7), embora não se diga aí que eles estavam envergonhados. Mas a palavra alemã *Scham* (vergonha) associa-se a cobrir. Ambos querem cobrir sua "vergonha", seus genitais. Eles têm medo de mostrá-los. Quando Deus questiona Adão, ele responde: "Ouvi teus passos no jardim. Fiquei com medo porque estava nu, e me escondi" (Gn 3,10).

Quero me esconder dos outros.

A vergonha está ligada ao medo. Adão tem medo de ser visto nu por Deus. Isso não era problema antes da queda. Ele poderia se mostrar nu a Deus. Agora ele tem medo de que sua nudez indique sua culpa. O pecado de Adão e Eva não tem nada a ver com sexo. O pecado original consiste no ato de eles quererem ser como Deus; eles queriam conhecer, como Deus, o bem e o mal. Mas então perceberam que estavam nus. O pecado os colocou em conflito consigo mesmos e agora eles queriam cobrir seus genitais, queriam se esconder de Deus. Essas são boas descrições do sentimento de vergonha; exprime-se a vergonha na frente um do outro. – Eu não gostaria de mostrar à outra pessoa como eu realmente sou, quando estou nu. Estar *nu* também é uma imagem para estar *exposto*. – Eu quero cobrir aquilo do qual estou envergonhado. Isso pode ser um erro, um fracasso, uma percepção de que reagi inadequadamente. Quero me esconder de Deus; também tenho vergonha de Deus. Quero esconder dele aquilo do qual estou envergonhado. A vergonha sempre tem a ver com *Peinlichkeit* (embaraço). *Pein* significa originalmente punição, tormento, angústia, problemas. *Peinlich* (embaraçoso) significa: a situação de quem está "um pouco desconfortável", "vergonhoso". Em síntese: punível. – Quero esconder isso dos outros.

É saudável esconder o que nos embaraça. A vergonha quer nos proteger, mas, muitas vezes, não é a coisa embaraçosa que escondemos, mas os nossos pensamentos sobre o que os outros podem pensar a nosso respeito. Claro que não vivemos em total independência; a reação dos outros tem sua importância, mas não a ponto de dependermos disso. Eles podem pensar o que quiserem, mas nós é que devemos cuidar de nós mesmos e escolhermos para nós o que nos parecer certo.

Seria um mal-entendido supor que a vergonha é sinal de imaturidade, como se, quando chegamos à maturidade parássemos de senti-la. *A vergonha não é um sinal de imaturidade.* Os psicólogos dizem que esse sentimento é característica de pessoa saudável.

O sentido da vergonha foi revisto nas últimas décadas. Um dos primeiros a fazê-lo foi Leon Wurmser, com o livro *The Mask of Shame* (A máscara da vergonha) em 1981. Desde então, muitos psicólogos lidaram com a questão da vergonha e descreveram o fenômeno com mais detalhes. Ela pode ser expressada na "queda dos olhos, abaixamento das pálpebras, da cabeça e às vezes de toda a parte superior do corpo" (SEIDLER, 1995: 22). Uma manifestação comum é corar. Queremos nos esconder, nos fecharmos. Mas o rubor faz atrair a atenção das pessoas e nos envergonhamos novamente, agora também do rubor. Outra reação física à vergonha é a "face congelada" (p. 23). Contraímos os músculos para que ninguém adivinhe nosso estado emocional. Mas não conseguimos, porque os outros percebem em nosso rosto contraído a nossa reação cheia de vergonha. Igualmente há pessoas que ficam envergonhadas quando "derrotam" outras, pois se sentem "expostas a uma situação desagradável, humilhadas ou privadas de seu próprio valor" (p. 26), ou vistos negativamente. Léon Wurmser vê principalmente três tipos de desagrado como razões ou como o núcleo do sentimento de vergonha: fraqueza, falha e sujeira, isto é, o sentimento subjetivo de que algo está errado em nós. Portanto, muitas pessoas têm vergonha de seus defeitos psicológicos, de sua depressão ou de suas fases psicóticas.

Pelo fato de ser desagradável, gostaríamos de nos livrar da vergonha; mas isso não é possível em sua totalidade. O que pode ser feito é transformá-la. A questão é como.

Vergonha, uma guardiã da nossa dignidade. Primeiramente, devemos conhecer o bom sentido da vergonha. Léon Wurmser também chama a vergonha de "a guardiã da dignidade humana" e atribui a ela um papel importante. Na vergonha, nos protegemos dos olhares alheios. No entanto, muitas vezes falha, porque, quando as pessoas veem que estamos envergonhados, nossa vergonha aumenta. Mas também há outro tipo de vergonha, a de mostrar algo: não queremos nos despir na frente dos outros; também não queremos descobrir nossa alma; sentimos que devemos proteger o mistério mais íntimo da nossa alma. Esse é o lado positivo da vergonha.

O nosso objetivo deve ser a transformação da vergonha negativa em positiva. Primeiro é necessário reconhecer a fraqueza que queremos esconder, e depois aceitá-la com base na autoconfiança. Mas não devemos pensar na avaliação dos outros, pois, independentemente do que fazemos, eles sempre terão uma opinião a respeito. Por isso não devemos nos importunar com isso.

Admita a sensação de vergonha. Se percebermos que estamos envergonhados devemos aceitar o que nos envergonha. Precisamos ter clareza de que não há nada em nós de que devamos nos envergonhar diante de Deus, porque Ele nos conhece completamente. Quando passamos tudo o que nos envergonha para Deus, gradualmente nos tornamos capazes de aceitar a vergonha como fazendo parte de nós. Esse deve ser o passo decisivo. Não precisamos mostrá-la aos outros, mas se isso ocorrer, ela será relativizada, embora não se dissolva por completo. Continuaremos sentindo vergonha; porém, esse sentimento nos faz lembrar que Deus conhece tudo o que está oculto em nós e que sua luz ilumina esse mundo oculto.

Alguns se envergonham de sua fé exata- *Vergonha da fé?*
mente porque ela é importante para eles. Porque
ela toca o núcleo mais íntimo de suas vidas, sentem que precisam
protegê-la dos olhos dos outros. A Bíblia tem uma visão diferente: não devemos esconder a fé vergonhosamente, mas confessá-la
publicamente. A Segunda Epístola a Timóteo (1,8) diz: "Não te en-
vergonhes de dar testemunho de Nosso Senhor, nem de mim, seu
prisioneiro". Por outro lado, Jesus envergonhará todos os seus ad-
versários ao expor a hipocrisia do chefe da sinagoga (cf. Lc 13,17).
Mas também há coisas ruins que realmente envergonham: "Quais
os frutos que colhíeis então? Frutos de que agora vos envergonhais,
pois o seu fim é a morte" (Rm 6,21). Devemos ter vergonha de coisas que não são adequadas a nós, como a hipocrisia e o comportamento impróprio; mas não devemos nos envergonhar da mensagem
de Jesus. É preciso confessá-la abertamente; esta é a mensagem do
Novo Testamento.

Ritual

Lembre-se de quando você ficou envergonhado pela última vez.
Qual foi a causa dessa vergonha? O que você queria esconder de
outras pessoas? O que foi desagradável para você? Então tente
mostrar a Deus aquilo que o envergonhou; assim, não precisa se
envergonhar. Deus sabe tudo e o aceita com tudo o que está em
você. Deus não tem vergonha de você. Ele quer penetrar tudo
o que está em você com seu amor. Então abra suas mãos e as
estenda a Deus, imaginando que nelas você está entregando a
Ele toda a sua verdade – inclusive aquilo que lhe envergonhou –,
para que seu amor permeie tudo em você.

16
Em vez de EXACERBAR A GRANDEZA, veja a grandeza da vida

Fuga da realidade. Uma atitude que atualmente percebo em muitas pessoas é a ostentação da grandeza; elas precisam se sentir sempre especiais. Mas geralmente isso acontece por meio de manipulação e foge à realidade. Determinada mulher, por exemplo, tem problemas de relacionamento. Ela não enfrenta esse problema, mas foge para uma "grandeza espiritual" para se sentir uma com o divino e poder dispensar o relacionamento humano. Outro caso é o homem que vive mudando de emprego. Em sua verbalização, com sua autoconfiança exagerada, ele tenta passar a ideia de ser uma pessoa criativa, capaz e ótimo profissional, que chefes mesquinhos têm inveja dele e que as pequenas empresas não comportam seu talento excepcional. Decididamente, observamos nesse tipo de comportamento uma autoestima delirante.

Megalomania e ostentação de grandeza. Embora guardando certa semelhança, entre megalomania e ostentação de grandeza há uma razoável diferença. O megalomaníaco geralmente se pauta exclusivamente pelo excesso. Já a ostentação de grandeza é mais uma fuga para a passividade. A pessoa foge para grandes emoções para ocultar sua mediocridade. Essas "pessoas grandiosas" nada mais fazem do que mascarar seu complexo de inferioridade. Em outras palavras, essa ilusão de grandeza pode ser considerada fuga da realidade.

Essa autoilusão, típica dos narcisistas, ocorre em pessoas que não querem perceber sua solidão, compensando-a com a euforia. Mas precisamos ter cuidado com os prognósticos, pois o comportamento humano tem nuanças. Obviamente, a ostentação de grandeza torna-se um problema social quando determinados indivíduos se colocam acima dos outros fazendo uso de comparações desmedidas.

A palavra alemã *grandios* vem do termo "grandioso" das línguas latinas, significando enorme, esmagador. *A fuga da própria verdade.* A ostentação de grandeza busca a sensação de algo grande e dominante. Para a psicologia, esse é um sentimento de compensação. Seu portador não consegue perceber a grandiosidade de sua vida, necessitando de grandes sentimentos para elevá-la. Ou seja, sua vida lhe parece mesquinha e banal, e, não suportando isso, usa a ostentação de grandeza como fuga. Esse artifício não traz benefício algum àquele que o utiliza.

Podemos constatar várias maneiras de fuga por meio desse tipo de ostentação. A mulher, por exemplo, que tem problemas de relacionamento e o mascara com uma espécie de fuga espiritual, desviando-se do aspecto relacional. Mais cedo ou mais tarde a necessidade de se relacionar vai se manifestar e ela perceberá que fugiu da realidade; logo ela, que imaginou que somente "pessoas mundanas" precisavam de relacionamento. Sentia-se tão avançada em seu caminho espiritual que não tinha mais essas necessidades humanas.

Outro exemplo: um médico me procurou porque estava preocupado com sua esposa, que adotou uma espécie de esoterismo. Ela passou a falar somente com os anjos. Essa foi uma artimanha para escapar do diálogo com ele. Essa mulher considerava muito trivial falar com o esposo; agora ela tinha os anjos para falar, e, segundo ela, diziam-lhe exatamente o que deveria fazer. Seu marido está em um nível espiritual mais baixo, e conversar com ele abaixaria o nível de sua espiritualidade. Com esse artifício ela se afastava da realidade e se tornava inacessível. Mas ao se colocar fantasiosamente em um patamar não condizente, em algum momento ela despencará da altura em que se colocou.

Libere seu desejo mais profundo. Nos exemplos citados logo acima destacamos a ostentação de grandeza enquanto adoção de fantasias espirituais, como método de fuga da realidade.

E o que dizer da pessoa que, a título de exemplo, muda, cheia de confiança e segurança, de um emprego para outro? Ela estaria fugindo de seu fracasso ou procurando experiências mais intensas, algo que a realizasse?

Eis a questão: Como transformar o anseio por grandiosidade, de modo que ele não seja uma fuga, mas algo que conduza a uma vida mais satisfatória? Há veracidade e honestidade em todo anseio justo. Em relação à grandiosidade, cada pessoa é única e original, imagem única de Deus, e isso é algo especial. No entanto – eis o ponto crucial –, essa particularidade não se revela às custas dos outros; não é dessa forma que uns se distinguem dos outros. – Uma vez que sou especial, também respeito a peculiaridade dos outros, sua dignidade inviolável, a imagem única que Deus fez de cada um deles.

Minha alma tem um brilho de ouro. Há outro anseio contido na busca da grandeza: o desejo de escapar à superficialidade e à banalidade da vida conhecendo o mistério de si mesmo e da VIDA. Para um grande número de seres humanos há algo mais profundo do que ocorrências veiculadas na mídia. Em toda música, em todo poema, por exemplo, soa algo da grandiosidade humana. Esse é um tipo saudável de grandiosidade, no qual não fugimos da realidade da vida, mas da limitação e da banalidade da vida cotidiana, percebendo nisso a peculiaridade da minha existência. Não fugimos do dever externo. Nossa alma tem um brilho dourado, uma dignidade divina, mas essa dignidade deve ser mostrada na vida cotidiana. Não fugimos do mundo com ideias grandiosas, mas expandimos nosso ponto de vista, abrindo nossos olhos para a grandiosidade de cada ser humano. Vendo a partir dessa ótica, nossa vida ganha uma outra profundidade. Enfrentamos conflitos diários, mas, ao mesmo tempo, sabemos que eles não são tudo, que há outra dimensão em nossa vida. Isso relativiza os conflitos e problemas cotidianos, gerando expansão interna, liberdade e grandeza.

Ritual

Medite sobre a sarça ardente. Esse arbusto é a imagem de nossa parte inútil, negligenciada e sem vida. No entanto, a glória de Deus aparece nele. "A folhagem queima sem queimar." Esta é também uma imagem para você, que continua sendo esse arbusto, permanecendo a mesma pessoa. E, mesmo assim, é o lugar da presença de Deus. A luz divina quer brilhar em você. Já a folhagem mostra sua verdadeira grandeza, mas, ao mesmo tempo, mostra-lhe a sua condição comum. Todos vivemos nesta tensão: somos filhos e filhas de Deus e, portanto, especiais. Deus vive em nós. Essa é a nossa dignidade. E, ao mesmo tempo, permanecemos completamente humanos, com nossos erros e fraquezas. Mas Jesus nos ensina a ir continuamente às nossas profundezas e áreas obscuras da alma.

Conclusão

Passamos por emoções e paixões – na linguagem dos primeiros monges, *logismoi*. Essas emoções não devem ser eliminadas, mas transformadas. Por exemplo, o tema da transfiguração – central na mensagem cristã –, deve ser retratado concretamente em algumas paixões e emoções.

A transformação se refere a tudo que experimentamos; nossos sucessos e decepções, nossos sentimentos e medos, nossas paixões e necessidades. Significa olharmos para tudo com um olhar que não julga, que deixa os sentimentos como eles são; mas, ao mesmo tempo, os questiona onde eles nos prejudicam, onde nos impedem de viver. A questão é, portanto, descobrir como os sentimentos e paixões podem ser transformados para nos levar à vida, enriquecendo-nos.

O arquétipo da metamorfose na Bíblia é a história da transfiguração de Jesus, que os três evangelhos sinóticos nos contam. Mateus e Marcos usam a palavra grega clássica *metamorphousthai*, presente nas *Metamorfoses* de Ovídio, que nos contam histórias de transfiguração. Em Jesus, nenhuma paixão precisa ser mudada, sua aparência é que é transformada. Os discípulos percebiam nele apenas o externo, depois passaram a perceber quem é realmente Jesus.

Essa história significa que o objetivo de toda transformação é que a imagem real, o arquétipo de Deus, venha à luz em nós. Mas esse arquétipo deve brilhar em nossa face. Para mim, isso significa que, em meio à nossa realidade, que é moldada pelas emoções e paixões, a imagem original e inalterada de Deus deve brilhar. Esse arquétipo só brilha através de nós quando todas as nossas emoções e paixões se tornam permeáveis a essa luz original de Deus. O Evangelista Lucas afirma que Jesus foi transformado enquanto orava (Lc 9,29). Para nós, isso significa que, quando oramos, também podemos entrar em contato com a imagem original de Deus em nós. Todas as emoções e paixões podem ser transformadas em nossa vida, para que se tornem permeáveis à luz de Deus. Então, para Lucas, a oração é o estado real em que nossas paixões são transformadas. Mas isso também requer uma maneira muito específica de orar. A oração não significa que Deus tira todos os nossos problemas, mas que, nela, mantemos toda nossa verdade diante de dele, com todas as emoções, paixões e necessidades, confiando que Ele possa transformar tudo em nós. Assim, sua luz irá brilhar através de nossa ansiedade, nosso medo, nossa tristeza, nossa inveja, ciúme e raiva. Esta é uma mensagem reconfortante que nos liberta da pressão de agir conforme muitos livros de aconselhamento nos ditam, nos alertando constantemente para mudar tudo em nós.

Paulo fala da transformação através do olhar. Assim, olhando para a glória de Cristo, somos transformados na mesma imagem, "Todos nós, de face descoberta, refletimos a glória do Senhor como um espelho, e somos transformados nessa mesma imagem, sempre mais gloriosa, pela ação do Senhor, que é Espírito" (2Cor 3,18). Aqui Paulo se refere à imagem de um espelho miraculoso. Na Antiguidade havia a ideia de que nos poderíamos ver num espelho miraculoso com nossa dignidade divina. Portanto, nesse espelho, não vemos apenas a glória de Deus, mas a nossa. Mas Paulo atribui essa glória a Jesus Cristo. Nele, a glória de Deus nos ilumina. E quando olhamos para Jesus como um espelho, vemo-nos nesse espelho e somos transformados na imagem de Cristo por meio do olhar. Ou seja, somos transformados na imagem única que Deus fez para cada um de nós. Essa imagem única reflete a imagem de Jesus de uma maneira pessoal. Ao olhar, eu me torno cada vez mais parecido com essa imagem, cada vez mais transformado nela. Assim, a transformação não é apenas o objetivo da oração, mas também do misticismo, pois Paulo fala de experiências místicas, nas quais percebemos a imagem de Jesus em sua singularidade. Oração e misticismo são estados de transformação. Ambos os caminhos espirituais culminam, para os cristãos, na Eucaristia. Na celebração da Eucaristia entregamos nossa realidade a Deus nas formas de pão e vinho, para que Ele transforme tudo em nós. Nas figuras do pão e do vinho vemos cinco imagens de transformação. Algumas delas se referem às emoções que descrevi neste livro.

A primeira imagem: o pão representa o que diariamente se arrasta em nós e nos irrita, o que nos desgasta e dilacera. No pão de Deus, podemos pensar nas emoções e preocupações que temos. Deus transforma as dificuldades do dia a dia num pão do céu que realmente nos alimenta.

A segunda imagem: o cálice representa o sofrimento, o pessoal e o do mundo. Expomos a Deus tudo o que nos envergonha, tudo o que é embaraçoso, o que nos incomoda. Mas também expomos a Ele o sofrimento das pessoas que estão perto do nosso coração. Confiamos que Deus transformará a taça do sofrimento em um cálice de salvação, para que seu amor flua e transforme toda dor e sofrimento.

A terceira imagem: na Bíblia, o cálice é muitas vezes um recipiente de amargura. Nele expomos nossa amargura a Deus, na confiança de que Ele a transforma em doçura, em um sabor agradável, que de fato saboreamos quando bebemos o bom vinho em que o amor encarnado de Deus nos permeia.

A quarta imagem: a tradição judaica inclui o cálice fúnebre. O luto não significa apenas o pesar pela morte das pessoas, mas também a tristeza pela perda de oportunidades de vida, os sonhos de vida quebrados e a própria mediocridade. Na taça, mantemos nossa tristeza, mas também a expomos a Deus, juntamente com nossa tristeza, nossa autopiedade e nossa depressão, para que Ele a transforme em consolo. E o nosso consolo é Deus nos dando nova estabilidade; o próprio Deus entrando em nossa solidão, para que sejamos consolados (*consolatio* em latim = alguém comigo na minha solidão).

A quinta imagem: a taça é cheia de vinho misturado com água. Esta é uma imagem do nosso amor misturado. Muitas vezes nosso amor se mistura com dúvidas sobre os outros, com ciúme e inveja, raiva e agressão, mágoa, decepção e reivindicação de posses. Nós expomos a Deus nosso amor mesclado, para que através de seu amor divino ele o transforme em amor puro.

O que descrevi na transformação de emoções e paixões, e o que devemos praticar na vida cotidiana, é feito no ritual da Eucaristia. E não podemos dizer o que funciona mais; se a manipulação concreta das emoções, os passos da transfiguração ou o "ritual" da Eucaristia. C.G. Jung acha que o ritual funciona nas profundezas do inconsciente; que não existe unicamente uma transformação externa, mas uma transformação nas profundezas da alma. Por isso, não devemos fazer práticas rituais e espirituais como se fossem atividades opostas. Ambos os caminhos são importantes para que nossas emoções e paixões sejam cada vez mais transformadas, para que nos fortaleçam em nossa jornada pela vida e nos tornem cada vez mais permeáveis à imagem única que Deus fez para cada um de nós. De todo o coração, desejo essa experiência de transformação para todos os leitores. Para mim, esse caminho de transformação nos últimos anos se tornou a imagem central de nosso caminho cristão. Por isso, lhes desejo também que esse caminho de transformação os libere de toda a pressão de mudar constantemente a si mesmos. Desejo a vocês que o caminho da transformação possa lhes mostrar de uma nova maneira o que a graça de Deus realmente significa. Assim, o caminho da transformação corresponde ao discernimento de Martinho Lutero, que reconheceu a primazia da graça divina acima de todo trabalho humano. Corresponde à percepção que Georges Bernanos coloca nas palavras de um padre no final de sua jornada espiritual, em seu *Diário de um padre de aldeia*: "Tudo é graça". Georges Bernanos levou uma vida dura com seu conflito interior, com muitos medos e aflições. Ele mesmo chama isso de "vida de cachorro". Mas, como um de seus maiores conhecedores, Albert Béguin coloca, "com toda nova onda de medo e ansiedade, ele podia dizer em seu *Diário de um padre de aldeia*: 'Tudo é graça'". Essa certeza de que tudo é graça nos deixa observar nossas emoções sem medo. Tudo pode ser. Confiamos que qualquer emoção negativa ou destrutiva possa ser transformada, porque a graça de Deus é mais forte do que nossa ameaça através das paixões e emoções. E a graça de Deus nos diz: Tudo pode ser transformado para que você se torne mais e mais você mesmo; aquela imagem única, original e inalterada que Deus fez de você.

Referências

BERNANOS, G. *Das sanfte Erbarmen* – Briefe des Dichters. Einsiedeln, 1951.

FRITSCH, M. *Ich möchte keine Heilige sein* – Teresa von Avila: Wegweiserin für heute. Münsterschwarzach, 2011.

GRÜN, A. *Gier*. Münsterschwarzach, 2015 [Ed. port.: *Avidez* – Como deixar de querer sempre mais. Petrópolis: Vozes, 2017].

_____. *Wege durch die Depression* – Spirituelle Impulse. Friburgo i.Br., 2013 [Ed. port.: *O tratamento espiritual da depressão* – Impulsos espirituais. Petrópolis: Vozes, 2009].

_____. *Verwandle deine Angst* – Spirituelle Impulse. Friburgo i.Br., 2010 [Ed. port.: *Transforme seu medo* – Impulsos espirituais. Petrópolis: Vozes, 2008].

GUARDINI, R. *Vom Sinn der Schwermut*. Mainz, 1983.

HELL, D. *Welchen Sinn macht Depression?* – Ein integrativer Ansatz. Reinbek, 2006.

JOTTERAND, G. *Mystik als Heilsweg* – Von narzisstischer Grandiosität zur Demut am Beispiel des "Kleinen Weges" der Sainte Thérèse de Lisieux. Friburgo i. Br., 2007.

KLOPFENSTEIN, M.A. *Scham und Schande nach dem Alten Testament*. Zurique, 1972.

OTT, E. *Die dunkle Nacht der Seele: Depression?* – Untersuchungen zur geistlichen Dimension der Schwermut. Elztal, 1981.

SCHWEIZER, E. *Apophthegmata Patrum* (Teil III). Weisungen der Väter, Band 16, Beuron, 2013.

SEIDLER, G.H. *Der Blick der anderen* – Eine Analyse der Scham. Stuttgart, 1995.

WURMSER, L. *Die Maske der Scham*. Berlim, 1981.